KB139976

교육학 개론

교육학총서

교육학개론

김선양 지음

한국학술정보(주)

서문

대학강단에서 「교육원리」, 「교육학개론」 등을 담당해온 지도 30여 년이 넘었다. 해마다 망설이게 되는 교과가 바로 「교육학개론」이다.

본서는 교양과목 및 교직과목으로서의 「교육학개론」 그리고 교육학의 전반을 이해하는 데 도움이 되는 저서로서, 우선 다루기 편하도록 순서적으로 엮었다.

전반부는 전에 펴내었던 「교육원리」를 보완하였고, 후반부는 새롭게 집필하였다. 그리고 근래에 새롭게 대두되고 있는 평생교육 (lifelong education)을 하나의 장으로 다루어 보았다. 이것은 현대교육의 국제적인 추세요, 또 우리나라에서도 크게 대두되고 있는 현실을 고려한 것이다.

한 나라의 정치·경제·사회·문화·예술 등 그 어느 것 하나 소중치 않은 것이 없으나 그 나라의 교육이 제대로 되어 있다면 그 사회가 당면한 많은 과제 중 약 절반은 이미 이루어졌다고 간주할 수 있다. 왜냐하면 정치도, 경제도, 사회도, 문화도, 예술도 그 뒤에서 밀어 주는 힘은 곧 교육이기 때문이다.

이러한 성의와 정성으로 「교육학개론」을 대하고 배우고 익힌다면 우리 사회에 새로운 물결이 될 수 있을 것으로 믿는다. 「교사론」을 후편장으로 다룬 것은 교단에 서서 가르치는 쪽이나, 의자에 앉아서 배우는 쪽이나 교직에 대한 지고함과 그 무거운 책무를 불러일으키기 위함이다. 앞으로 새롭게 변화·변천되어 가는 내용에 대해서는 계속 수정·증보해 나아갈 계획이다.

　본서가 새롭게 면모를 갖추게 된 것은 오로지 한국학술정보(주) 여러분의 후의에 힘입은 바 크다. 무더운 날, 교정·색인 등을 위하여 힘써 준 여러분에게 깊은 사의를 드린다.

2011년 6월

서울 시니어스 가양타워 서재에서

김선양

contents

교육의 개념

I. 교육의 의미

1. 교육의 뜻

교육은 바람직한 행동의 변화이다. 그래서 단순한 지식의 축적이나 기능의 습득만이 교육의 전부라고 생각할 수는 없다. 교육은 그 개인의 정신을 전환하는 작용이 되어야 하고, 나아가 성격을 재형성하는 작용이 되어야 한다. 그렇기 때문에 교육이란 반드시 학교에서만 이루어지는 것은 아니다. 가정·사회·자연환경 이 모두에서 교육은 이루어질 수 있기 때문이다. 듀이(J. Dewey, 1859~1952)는 교육을 형식적 교육(formal education)과 비형식적 교육(informal education)으로 구분하였다.

형식적 교육이란 학교교육과 같이 초등학교에서 대학교육 이상에 이르기까지의 의도적이고 계획적이며 계속적인 교육을 뜻한다. 다시 말하면 교사와 학생과 교재의 세 요소로 이루어지는 교육을 뜻한다.

형식적 교육에는 반드시 일정한 목표가 있으며, 그 목표를 달성하기 위해서는 교육내용, 지도방법, 치밀한 평가 등의 계획 밑에서 실천되는 유목적적이며 계획적이고 계속적인 교육이 있어야 한다.

비형식적 교육이란 전인간생활·생활경험 등 이 모두를 교육의 실제로 삼는다. 가정생활·사회생활을 통하여 사람은 많은 것을 터득한다. 또는 산과 바다에서, 극장에서 그리고 길가에서 숱한 교장이 인간에게 주어진다. 자세히 관찰하고 또 생각하고 음미하면 예사롭게 넘길 일이 하나도 없다. 바람직한 형상이건 바람직하지 못한 사태이건 간에 그 받아들이는 개인의 자세에 따라서 그 모든 것들은 훌륭한 교재가 될 수 있다. 특히 요즈음에는 매스컴(mass-communication)의 시대로 신문·잡지·라디오·텔레비전·영화 등이 인간형성에 미치는 영향은 지대하다. 동물은 자연환경 속에서만 살아왔다. 원시인은 자연과 사회환경 속에서만 살아왔다.

그러나 현대인은 자연·사회·문화환경 속에서 살아오고 있기 때문에 이 모든 생활조건이 인간을 형성하는 작용이라고 생각할 수 있다. 형식적 교육이 의도적이요, 계획적이요, 직접적이라고 하면, 비형식적 교육은 무의도적이요, 자연발생적이요, 간접적인 교육이라고 할 수 있다. 결국 형식적 교육은 비형식적 교육을 기반으로 성립한다고 볼 수 있다. 그렇기 때문에 한 개인이 바로 성장하려면 수동적 생활태도를 갖기보다 능동적 생활태도를 갖고 살아가도록 돕는 데 가정교육·학교교육·사회교육의 의미가 있다고 하겠다.

2. 유전과 환경

레빈(K. Lewin, 1890~1947)은 인간이란 유전과 환경의 함수로 그 개인의 성품이 이루어진다고 하였다. 즉, $P = f(p,\ e)$라는 공식을 발표하여 P는 인간성(personality), f는 함수(function), p는 유전(person), e는 환경(environment)이라 하였다. 한 개인의 성품은 어느 의미에서 유전과 환경의 총화로 이루어진다고 볼 수 있다. 유전이란 개인이 날 때 타고난 각종 인자를 말하는 것이요, 환경이란 그 대부분이 교육, 즉 비형실적·형식적 일체의 교육을 의미한다. 그러나 요즈음에는 유전과 환경의 한계가 모호해지고 있다. 사람이 세상에 태어난 후부터 환경이라고 생각한다는 것이 이미 낡은 이론이다.

환경이란 태아에서부터 규정해야 한다는 이론도 있고 더 나아가 남녀 개개인의 정신적 상황, 분위기까지도 환경으로 확대하여 해석하는 이론도 있어서 같은 부모가 낳은 형제자매라도 그 외형에 있어서는 일반으로 닮고 있으나 그 품성은 각양각색이라는 것을 생각할 때에 유전과 환경은 그리 간단하게 구별될 수 있는 것은 아니다. 다만 여기서 논하려 하는 것은 지나치게 유전에만 치우쳐서 그 개인의 성품을 해석하는 견해와 이와 반대로 환경, 즉 교육에만 치우쳐서 교육만능으로 생각하는 태도가 동시에 타당치 않다는 것을 지적하려는 것이다. 콩을 심으면 콩이 나고 팥을 심으면 팥이 난다. 그렇다고 하여 유전만 강조한 나머지 콩나물 콩을 따뜻한 아랫목에 놓고 콩나물로 자라기를 바랄 수는 없다. 일정한 수분과 광선을 주어 그 환경을 맞추어 줄 때 비로소 콩나물 콩이 콩나물로 자랄 수 있다. 또 환경을 지나치게 강조한 나머지 콩나물시루에다 돌덩이를 놓고 일정한 수분과 광선을 아무리 주어도 그 콩나물은 나올 수 없다.

이렇게 생각할 때 유전과 환경은 마치 양쪽의 수레바퀴와 같아서 서로 교호작용을 통해서 하나의 개체를 이루고 있는 것이다. 결국 그 사람에게 없는 것은 그 사람에게서 나올 수 없다. 그러나 그 사람에게 있는 것이라도 일정한 교육환경이 이루어지지 않고서는 그 있는 것을 성공적으로 길러 낼 수 없는 것이다.

Kingsley Davis의 연구[1]에 의하면 미국 펜실베이니아의 어느 농가에 Anna라고 하는 여아가 있었는데 이 아이는 다섯 달 반에서 여섯 살이 될 때까지 인간 접촉에서 격리되어 살아왔다고 한다. 여섯 살까지 된

---

1) Wilbur B. Brookover, *A Sociology of Education*, New York: American Book Company, 1955, p.11.

이 아이는 그 나이에 할 수 있다고 생각되는 모든 행동이 거의 불가능하였다. 걷는 것은 물론 말하는 것도 모두 불가능하였다. 여섯 살부터 4년 동안 Anna는 사람들과 접촉을 하며 지냈는데 그동안에 걷고 뛰고 공을 잡고 하는 행동과 용변을 가리는 습관이 들게 되고 또 말을 익히게 되었다. 그러나 정상적인 행동발달을 이루기 전에 열 살이 되자 죽고 말았다.

문화와 단절되어서 성장된 '늑대 아이'[2]의 유명한 이야기도 좋은 실례가 되겠다. 연령을 확실히 알 수 없으나 약 두 살가량으로 추정되는 Amala와 여덟 살쯤 되는 Kamala라는 인도의 두 아이들이 1920년 10월 7일 Singh라는 목사 부부에 의해 발견되기까지는 늑대 굴에서 살고 있었다고 한다. 그들이 처음 Singh 목사 집에 왔을 때는 네 발로 기어 다니고 짐승의 소리를 내며 고기를 날것으로 먹고 우유는 혀로 핥아 먹었다. Amala는 1년 후에 죽었지만 Kamala는 그 후 9년 동안의 사회화과정을 통해서 언어능력은 다섯 살 정도까지 발달되고 칭찬에 대한 반응이나 가정에서 자기의 역할을 자각할 수 있는 등 인간으로서의 정상적 행동을 표현할 수 있게 되었다.

문화사회의 혜택은 너무도 큰 것이다. 이 혜택을 충족하게 받으려는 계획적 노력이 다름 아닌 교육이 되어야 할 것이다.

3. 교육개념의 변천

교육은 인류생활의 시작과 더불어 출발되었다. 처음에는 선조가

---

2) Francis J. Brown, *Educational Sociology*, N.J. Prentice-Hall, pp.127~128.

그다음 세대에 구두로 허다한 생활양식을 전하고 실제로 경험을 시켜 왔다. 그러나 문화가 발달되면서 구두로 전하기는 그 내용이 너무도 복잡하게 되었던 것이다. 그리하여 마침내 인간은 문자를 발견하여 이를 통하여 생활문화를 후대에 전했던 것이다. 이렇게 서적이 교육내용 및 방법의 중심이 되면서부터 교육은 구체화되고 그 내용도 많은 변천을 통해서 체계화되기에 이르렀다. 이렇게 되면서 교육에 관한 개념에도 많은 논쟁이 거듭되었고 교육실제 및 현상 면에서도 많은 이론과 원리가 생겨났다. 전통적 교육에서는 학교교육을 그 전부로 생각해 왔고 학교교육이란, 교사는 교과서의 내용을 가르치고 학생은 그것을 배우는 것이라고 생각했다. 이것은 우리 선배들이 이렇게 교육을 받아 왔고 또 많은 학교에서 그렇게 대부분 가르쳐 왔기 때문이다.

교육이란 교과서에 실려 있는 내용을 가르치고 이것을 반복·연습·기억시킴으로써 미래생활에의 준비를 시키는 것으로만 생각했다. 학생들이 흥미가 있건 없건 간에 인류의 문화유산을 체계적으로 엮어 놓은 교과서의 이해와 기억으로 교육의 모든 일이 시작되고 끝나는 것으로 생각했다. 문자나 서적은 인간의 경험이 추상화된 것이어서 그 자체는 별로 의미를 가질 수는 없다. 그러나 전통적 교육은 교과서에 담긴 내용을 읽히고 정의하고 분류하고 해석하고 통합하여 이를 언어화하여 기억시키는 데 만족했던 것이다. 무조건 교과서가 교육에 있어서 절대적인 권위를 가지고 있었다. 이리하여 교육은 언어주의, 주입식 방법, 암기식으로 진행되었던 것이다. 학생의 흥미·관심·성장발달과정보다도 교과서 내용의 논리적 체계가 무엇보다도 중요시되어 왔었다. 교육의 목적은 오직 학생의 현재 생활보다도 앞으로 성인사회에 필요한 미래 지식을 중점으로 가르쳐 왔다. 말하자면 스스로 배우는 것이 아니라 가르치는 것이요, 저마다 의견을 발표하는 것보다는 맹목적으로 순종하고 명령에 복종하는 것을 가르쳐 왔다. 철두철미 학습은 피동적이요, 타율적이요, 수동적으로 전개되는 것으로만 알았다.

그렇기 때문에 전통적 교육에서는 지식의 체계만을 구두로 가르칠 뿐이요, 학생의 생활에 대해서는 별로 고려하지 않았다. 단지 앞으로의 생활에 필요한 것이니까 일찍이 배워 두어야 한다는 것이다. 지식의 습득 그 자체가 교육의 과제라고 생각했던 것이다.

이러한 전통적 교육에 대한 비판은 전 교육사를 통해서 점철되어 내려왔다. 20세기 초에 듀이를 중심으로 한 진보주의 교육운동이 전개되면서 현대교육은 아동중심 교육으로 크게 전환되었다. 진보주의 교육자들이 내세운 강령은 다음과 같다.

① 모든 아동에게 스스로 발달할 수 있는 자유를 부여할 것.
② 아동의 흥미를 모든 학습활동의 동기가 되게 할 것.
③ 교사는 아동에게 엄한 감독자가 되지 말고 부드러운 교도자가 되도록 할 것.
④ 아동의 발달을 학업성적뿐만이 아니고 신체적·지적·도덕적·사회적 발달 또는 전인적 발달에 둘 것.
⑤ 교육의 제1목표를 건강증진에 둘 것.
⑥ 학교는 가정과 긴밀한 연락 밑에 아동의 생활에 만족을 줄 수 있도록 노력할 것.
⑦ 진보적 학교는 과학적인 연구를 통하여 새 교육운동의 지향에 힘쓸 것.

이 교육개혁 운동은 듀이가 중심이 되는데 듀이의 교육사상은 Frazier와 Armentrout에 의하면 다음과 같이 요약할 수 있다.

① 교육은 생활이다(Education is life). 교육은 생활을 준비하는 것이 아니라, 생활 그 자체인 것이다. 사람이 사는 곳은 어디나 다 교육의 장이 될 수 있다. 교육은 학교 안에서만 이루어지는 것이 아니다. 사람이 나서 이 세상을 떠날 때까지 줄곧 교육은 계속되는 것이다.

② 교육은 계속적인 경험의 재구성이다(Education is a continuous reconstruction of experience). 우리들의 하루하루 생활은 지난 경험에 기초를 두고 있다. 그러나 새로운 경험이 날로 부가될수록 이미 경험된 그 내용은 항시 재구성되어야 한다. 성장이란 강력한 수용성을 말하는 것이다.

③ 교육은 사회적 과정이다(Education is a social process). 교육은 민주주의를 목표로 해야 한다. 교육이 바로 성장과 생활이 될 수 있다면 그것은 사회집단의 생활이 되어야 한다. 그렇기 때문에 학교는 민주사회가 되어야 하고 그 속에서 아동들은 자연스럽고 민주적인 생활을 영위하고 또한 훌륭한 시민도를 갖추어 성년으로 성장한다.

④ 교육은 성장이다(Education is growth). 한 아동이 현재의 생활에서 내일의 생활에로 성장될 때 위대한 교육의 과정이 이루어지는 것이다. 성장이 계속되고 있는 한 교육은 계속되고 있는 것이다. 가정과 학교에서 출발하여 생활을 통하여 계속되는 성장이 현대교육의 목표인 것이다.

Ⅱ. 교육의 본질

1. 새로운 교육관

공장에서 같은 물건을 수없이 찍어 내는 것과 마찬가지로 학교에서도 획일적으로 인간을 양성하는 시대는 지나갔다. 오늘날의 교육은 학생들에게 무엇을 가르칠 것인가의 문제보다는 학생들에게 어떠한 생활환경을 부여해 주어야 할 것인가를 고려할 때가 왔다. 여기서 생활환경이란 반드시 물적 환경만을 가리키는 것이 아니라 물적·인적·자연적 제반 환경을 총괄해서 말하는 것이다. 십인십색이라는 말이 있듯이 이 세상에는 비슷한 사람은 있을 수 있어도 똑같은 사람은 있을 수 없다. 바로 여기에 교육의 위대성과 교육의 막중한 기능이 부여되고 있는 것이다.

모든 인간은 수단으로 다루어져야 할 것이 아니라 오로지 목적으로 존중되어야 한다. 아동도 학생도 성인도 다 같은 인간이다. 전통적인 교육에서는 아동으로 하여금 성인을 본받고 모방하는 교육을 강조해 왔다. 그러나 아동은 성인의 노리개가 아니다. 엘렌 케이(Ellen Key, 1849~1926)는 성인 속에 매몰되어 있는 아동을 바로 찾아 아동은 아동대로의 위치와 독립된 인격체를 회복하는 데 크게 공헌했다.

워즈워스(William Wordsworth, 1770~1850)는 '아동은 어른의 아버지(Child is father of the man)'라고 했다. 아동의 인격이 무시되는 사회가 성인과 마찬가지로 아동의 인격도 똑같이 존중되는 사회로 나아가야 할 것이다. 여기에 비로소 아동의 개성이 신장되는 기초가 된다. 누구나 막론하고 개인차(individual differences)가 있다. 산에 놓인 크고 작은 돌들이 제각기 다르듯 사람도 서로 다른 개성과 인격으로 신장·발전되도록 돕는 것이 다름 아닌 교육이다. 그렇기 때문에 집단학습·일제학습도 중요하지만 개성교육·개별교육이 더욱 필요한 것이다.

무릇 민주사회란 서로 다른 특성을 가진 인간들로 하여금 서로 다르게 발전·신장시킴으로써 전체적으로 조화 있는 사회를 건설하는 데 본래의 의미가 있는 것이다.

2. 교육의 본질

모든 생물은 그 대부분이 완전하게 태어나고 또는 그 미성숙 상태의 기간이 비교적 짧다. 그러나 인간은 다른 동물과 비교할 때 젖이나 다른 물건을 빠는 본능(sucking instinct)을 주로 하여 극히 적은 몇 가지 본능을 갖고 태어난다. 완전하게 태어난 동식물에게는 별로 교육이 필요치 않다. 가령 곤충은 거의 다 완성된 다음에 나오기 때문에 새로운 환경에서도 별로 곤란을 받지 않는다. 이에 비하여 신생아는 너무도 무력하다. 그렇기 때문에 사람은 출생한 후 하나하나 배우지 않으면 안 된다. 인간의 미성숙 상태는 다른 어떤 동물보다도 그 기간이 길다. 이 기간이 길면 길수록 교육의 연한이 길어지게 된다. 요즈음에는 요람에서 무덤까지 평생교육(lifelong education)이 필요하다고 한다. 인간은 이토록 무력하고 미완성 상태로 태어났기 때문에 인간만이 자발적인 자아형성에로의 충동이 강하다. 이 무한한 성장에로의 가능성을 지니고 있기 때문에 이것이 교육의 원동력이 되는 것이다.

이 무한한 가능성은 반드시 바람직한 면으로만 발전된다고 할 수는 없다. 도리어 어떤 때는 이와 정반대의 경우도 있을 수 있다. 이 무한한 발전의 가능성을 바람직한 방향으로 발전 육성하는 데 교육이 필요한 것이요, 교사의 용의주도한 지도를 받을 필요가 있는 것이다. 다른 동물들은 훈련은 받을 수 있을지언정 교육은 받을 수 없다. 인간만이 지극히 미성숙상태로 태어나고 완숙에로 나아가는 기간이 길기 때문에 가능적인 존재요, 교육을 받을 권리가 있다. 엄밀한 의미에서 말하자면 교육이란 말은 인간만을 대상으로 한다. 인간에는 누구나 다 무겁고 벅찬 과제와 사명이 주어져 있다. 다만 자기가 해야할 과제와 사명이 없는 사람이 있다면 그 사람에게는 맡겨진 과제와 사명을 미처 깨닫지 못한 상태가 있을 따름이다.

Chapter

2

인간과 사회

Ⅰ. 인간과 문화

인간이란 말의 뜻이 단순히 사람을 지칭한다면 사람 '인(人)' 자 하나만으로도 충분하겠으나 사이 '간(間)' 자를 덧붙이게 된 이유에는 그만한 깊은 뜻이 있는 것이다. 본래 인간이란 말은 단순히 사람을 뜻하는 것이 아니고 사람과 사람과의 관계로 이루어지는 사회를 의미한다. 인간이란 사회적이면서 동시에 개인적인 뜻을 내포한다. 사람은 인간관계에 의하여서만 비로소 사람이 될 수 있는 것이다. 사람은 나면서부터 사회적인 존재로 태어나게 되었다. 동양사회에서 태어난 사람은 동양인답게 되고 서양사회에서 태어난 사람도 서양인답게된다. 이것은 그 사회가 지니고 있는 생활방식 내지 문화가 그 개인을 그 사회 사람답게 사회화하게 하는 것이다.

문화는 "사회성원인 인간에 의하여 습득된 지식·신앙·예술·도덕·관습 및 제반 능력과 습관 등을 포함한 복합된 전체이다(Culture is that complex whole which includes knowledge, belief, art, morals, custom, and any other capabilities and habits acquired by man as a member of society)."[1] 이와 같이 문화는 사회 안에서 이루어지며 전해지기 때문에 사회성을 지니고 있다. 그러나 개인이나 집단이나 그 사회에 따라 문화의 성격이 다 다르지만 여러 문화에 공통된 넓은 의미의 문화 일반의 성격을 알아보기로 한다.[2]

---

1) Edward B. Tylor, *Primitive Culture*(5th ed.), London: John Murray, 1929. p.1.
2) 현대교육총서, 교육심리, 서울: 현대교육출판사, 1961, p.211.

(1) 문화는 습득된 행동이다

앞에서 말한 바와 같이 문화는 습득된 행동의 산물이다. 인간은 태어나자마자 사회화과정을 통해서 학습작용이 이루어지는 것이다. 즉, 집단생활에서 예절을 익히고, 습관을 기르고, 도구를 고안하고, 집단생활을 배우게 된다. 이러한 인간행동은 학습과정을 통해서만 문화유산을 계승할 수 있고 그것을 토대로 하여 새로운 문화양식을 창조해 갈 수 있다.

(2) 문화는 누가적으로 이루어진다

현대문화는 오랜 세월을 거쳐 오면서 인류가 겪은 수많은 시행착오와 지혜의 축적으로 이루어진 것이다. 현대언어의 변천과정이 그 좋은 실례가 된다. 사회·경제·정치 등의 제반 제도나 구조도 다 문화유산의 누가적인 산물이다.

(3) 문화는 부단히 변천한다

문화는 계속적으로 변동해 가면서 어떤 부분은 존속하고, 또 어떤 부분은 소멸하여 가는 특징을 지니고 있다. 혹은 덜 만족한 상태에서 더 만족할 상태로 혹은 낮은 형태에서 높은 차원으로 그 속도와 내용과 형태가 각양각색으로 변천해 간다.

(4) 문화는 전파된다

부단한 문화 변천 속에서도 인간의 욕구를 만족시키거나 또는 가치있는 문화는 적응도가 높아 존속될 뿐만 아니라, 한 세대에서 다음 세대로 혹은 한 사회에서 다른 사회로 확대되고 전파되어 가는 것이다.

(5) 문화는 동화작용을 한다

전파된 문화는 자연적·인위적으로 상호 영향을 끼치며 동화작용을 일으킨다. 의식주는 물론 사상·교육·정치·경제 등 동서 간의 문화적 동화작용이 현대사회에서 현저하게 나타나고 있음을 볼 수 있다.

(6) 문화는 여러 부분(하위)으로 구성되어 있다

지식·이념·가치관·지역성·계층구조·종교 등에 따라 각기 그 문화양식을 달리하는 것이다. 한국문화라고 할 때에 그 속에 종교문화·예술문화·교육문화 등으로 나누어지게 되고 또 종교문화 속에서도 기독교문화·불교문화 등 각기 문화 형태와 양식을 달리하고 있다.

(7) 문화는 통일성을 유지한다

이상의 다양적 부분 문화가 독립으로 지속될 수 없는 것이 특징이다. 각 문화는 상호 의존 관계에서 복합된 체제를 이루게 된다.

Ⅱ. 사회집단과 교육

사회집단의 분류에는 여러 가지 형태가 있을 수 있다. 퇴니스(F. Tönnies, 1855~1936)는 공동사회(Gemeinschaft)와 이익사회(Gesellschaft)로 구분하여, 전자는 언어·풍속·도덕·종교와 같은 사회의지에 의하여 특징지어질 수 있으며, 후자는 계약·법률·여론과 같은 사회의지에 의하여 특징지을 수 있다고 하였다.

이제 공동사회와 이익사회의 두 개념을 요약하여 비교해 보자.[3]

공동사회	이익사회
① 보다 단순하고 동질적인 집단	① 보다 복잡하고 이질적인 집단
② 노동의 세분화	② 전문적 기능을 가진 노동의 세분화
③ 혈연 혹은 친밀한 인간관계	③ 지연으로 모여 이루어진 인간의 연합된 집단
④ 특수한 이익 집단의 결여	④ 특수 이익 집단과 확대된 조직
⑤ 대부분의 인근 주민들과 친숙	⑤ 형식적이며 소원한 인간관계
⑥ 비형식적인 통제에 의한 집단의 통일	⑥ 법률·경찰력 등에 의한 형식화된 사회통제
⑦ 지역사회 안에서 자급자족	⑦ 사회집단 상호 간의 높은 의존도(한 사회 단독으로 자립하기가 곤란함)
⑧ 지역사회를 중심으로 한 강한 연대의식	⑧ 지역사회에 대한 공동체 의식의 박약

쿨리(C. H. Cooley, 1864~1929)는 사회집단을 1차집단(primary group), 준1차집단(quasi-primary group), 그리고 2차집단(secondary group)으로 구분하였다.

1차집단은 우리라는 감정이 두텁고 집단구성원이 적고 비이기적이며 협동심과 책임감이 많고 집단관계가 오래 계속되는 기본집단을 말한다. 가족, 유희집단, 전통적 지역사회 등이 여기에 포함된다.

준1차집단은 1차집단과 2차집단의 성격이 복합되어 있어 집단의 목적과 조직형태에 의해 1차집단보다 그 친밀도가 제한되며 집단목적이나 조직형태에 따라서는 2차집단의 성격을 나타내기도 한다. 보이스카우트·학생클럽 등이 이에 속한다.

2차집단은 인간적 친밀감이 소원한 집단으로 대부분 이익을 추구하는 목적으로 형성되는 집단이다. 각종 사회기업의 집단, 즉 회사 등이 이에 포함된다.

---

3) American Association of School Administrators, *Educational Administration in a Changing Community*(Thirty-seventh Yearbook), 1959, pp.36~37.

1. 가족집단

최초로 인간의 경험을 제공하는 곳이 바로 가족집단이다. 그래서 가족집단은 인간생활의 기본적 근거가 되는 것이다. 가족집단은 인간에게 있어서 최초의 교육의 장이 된다. 가족집단이 없이는 어떤 사회도 이룩될 수 없다.

페스탈로치는 "좋은 아버지가 된 후에야 좋은 행정관이 될 수 있고, 좋은 형이 된 다음에야 좋은 시민이 될 수 있다"[4]라고 했다. 그렇기 때문에 가정교육이 학교교육·사회교육보다 앞서야 한다. 그에 의하면 가정의 모든 성원은 하늘이 준 사랑의 유대로 묶여 있기 때문이다. 가정은 가장 자연스러운 곳이어서 개인 속에 깃든 소질이 가정생활을 통하여 자연스럽게 된다. 또한 가정은 사회생활의 출발점이라고 주장한다. 베커(W. Becker)는 가정의 기능을 다음과 같이 들고 있다.[5]

① 인구의 생산

② 자녀의 보호와 관리

③ 경제적 생산

④ 자녀의 사회화

⑤ 자녀의 교육

⑥ 오락

⑦ 애정적 상호작용

이와 같이 가족집단의 기능은 사회의 변화 발전과 거의 비슷한 관

---

4) J. H. Pestalozzi, *Die Abendstunde eines Einsiedlers*, 1780, p.152.

5) Becker, Howard and Reuben Hill, *Family, Marriage and Parenthood*, Boston: Heath and Company, 1948, p.47.

계를 가져오게 된다. 가족집단이 인간형성에 어떠한 영향을 주고 있으며 가족집단의 어떤 요인이 가장 크게 작용하는가 하는 것이 중요한 문제다.

① 양친과의 관계는 운명적으로 결정된다.

② 가정은 개인에 대한 최초의 교육의 장이다.

③ 사람은 생활의 대부분을 가정에서 보낸다.

④ 가족집단에서의 정서는 다른 사회집단에서보다 그 정서발달에 크게 영향을 준다.

⑤ 가족집단의 통제력은 아동의 성격 형성에 지대한 영향을 준다.

⑥ 자녀의 교육관계에 있어서 부모는 상호 보완적인 역할을 해야 한다.

⑦ 가족의 인간관계는 다른 교육기관에서와는 달리 특정한 면에 한정되지 않고 전 인격적인 접촉과 사회화의 전체 영역에 걸친다.

그렇기 때문에 사회가 건전하고 튼튼하게 발전되려면 가정이 건전하고 튼튼해야 한다. 영국 사회가 비교적 건전한 이유는 영국의 개개 가정이 튼튼하기 때문이다. 파괴된 가정에서 건전한 시민이 태어날 수는 없는 것이다.

현대가정의 문제로 여러 가지를 들 수 있으나 여기서는 아주 중요하다고 생각되는 문제에 한해서만 다루어 보려고 한다.

첫째는, 현대가정의 기능이 점차 약화되어 가고 있다. 급격하게 변천하는 사회에 적응하기 위하여 계속 구성원이 가정 밖의 사회적 역할을 감당하기 위해서 더 많은 시간과 정력을 쏟고 있어 가정 본연의 책임에 소홀하게 될 뿐만이 아니라 우리나라에서도 여성의 사회참여로 말미암아 주부로서의 역할에 점차 진공상태를 가져오고 있다.

둘째로, 부모와 자식 간의 문화적 간격이 더 커 가고 있다. 부모와 자녀들은 가정문화 속에 살면서도 서로 다른 문화성을 지니게 된다. 부모에게는 전통적·정신적·윤리적 가치관이 중요하다고 하면, 자녀에게는 상대적·실용적·물리적인 가치관이 지배하게 된다. 여기에서 세대의 차가 생기고 여러 가지 체계와 행동양식에 혼란·갈등·불화 현상을 드러내게 된다. 이뿐만이 아니라 부모가 자녀에 대한 지나친 기대와 야심으로 인하여 자녀들의 가치관을 불건전하게 이끄는 현상도 주목해야 할 것이다. 근시적이고 공리적인 부모의 태도로 인하여 지나친 출세주의, 물질만능사상 등을 자녀의 마음속에 길러 주는 것은 크게 반성해야 할 것이다.

셋째로, 가정의 와해현상을 들 수 있다. 이것은 현대병의 하나로 애정적 부적응에 기인되는 것도 있으나 그 대부분이 도덕적 진공상태에서 오는 것이다. 우리나라는 아직까지 그렇게 심한 정도는 아니나 앞으로 근대화가 안겨다 줄 풍요한 사회의 그늘에서 이런 현상이 상승될 가능성이 짙다.

넷째로, 청소년의 범죄문제를 들 수 있다. 청소년의 범죄는 그 대부분이 성장과정, 즉 가정환경과 밀접한 관계가 있다.

2. 학교집단

학교집단은 단순화되고 정화되고 균형화된 특수환경 속에서 의도적·형식적 교육의 기능을 수행하기 위하여 설립된 기관으로, 교사와 학생을 구성원으로 하는 학교가 법제 제도나 공공적 시설인 데 비하여 학교집단은 하나의 사회집단 또는 사회적 단위(social unit)이다. 학교집단은 가족집단이나 유희집단 같은 제1차적 사회집단과 구별되지만 면접관계와 사회성원 간의 밀접한 협조를 특징으로 하는 일차성(primariness)이 강하다는 점에서 조합이나 정당 같은 제2차적 사회집단과도 다르다. 따라서 제1차적 사회집단과 제2차적 사회집단의 중간적 존재라는 뜻에서 중간적 사회집단이라고도 한다. 학교집단은 학교집단을 비롯하여 각종 학습분단·학생자치단체·클럽 등의 하위집단(sub-group)을 가지고 있으며 독특한 단체정신과 사회적 분위기를 갖추고 독특한 문화와 교양의 세계를 이루고 있다. 현대적인 학교집단에서 교사의 역할은 학습의 지도에만 그치지 않고 생활지도의 역할을 포함하고 있으며 행정관리의 역할도 부수적으로 담당한다.

월러(W. Waller)는 학교집단의 성격을 다음과 같이 설명하였다.

① 학교는 일정의 인구집합체이다: 이때의 인구는 교사와 학생들로 구분되며 학교 인구는 이동성이 많고 일시적이다.

② 학교는 정치적 구조를 지니고 있다: 구성원들은 개인적 또는 인간적으로 대립할 수 있는 요소를 갖고 있다. 따라서 학교가 존속하기 위하여서는 항상 통제할 능력을 가져야 한다.

③ 학교는 사회관계의 복잡한 상호관계로 이루어진다: 학교는 상호 작용하는 인격체의 집합체이다. 그래서 학교생활의 모든 장면은 사회관계의 도식이라 말할 수 있다.

④ 학교는 '우리'라는 의식(we feeling)이 충만하고 있다.

⑤ 학교는 특수한 문화적 세계이다: 학생들의 특수한 문화세계를 이루고 있는 학교는 그들의 요구를 충족시키고 학교라는 문화적 특징을 나타냄으로써 유지된다.

학급집단은 학습의 효과를 올리기 위하여 학급을 몇 개의 분단으로 나누고 그것을 조직화하는 것을 의미한다. 학급은 학교교육의 가장 기본적인 단위집단이며 초등학교에서는 학습지도의 장인 동시에 생활지도의 장이기도 하며 중고등학교에서는 주로 생활지도의 장으로 삼고 있다.

또 그것은 학교교육의 목적 달성을 위하여 인위적으로 형성된 사회이며 어떤 의미로서는 목적을 가진 합리적 사회이면서도 다른 한편으로는 학생은 학급의 성원으로서 같이 생활하게 되므로 자연히 정신적인 결합이 이루어져서 생활협동사회를 이룩한다. 따라서 학급에는 학교교육의 기본적 단위집단으로서 교육목적 달성을 위한 조직이 요구되는 동시에 협동사회의 내적 분화로서 자연히 조직(인간관계)이 형성되어 가는 것이다. 학급경영에 있어서 학급조직의 문제는 이 양자를 포함하여 학급이 전체로서 가장 활발하게 활동하고 가장 교육적 효과를 올릴 수 있도록 학급 내의 학생을 어떻게 분단화하고 그것을 어떻게 관계 지어 줄 것인가의 문제에 귀착하게 된다.

Ⅲ. 지역사회와 교육

우리는 앞에서 가족집단과 학교집단을 살펴보았다. 결국 교육은 사회개조의 수단이 되어야 할 것이다. 요즈음 지역사회학교·향토학교·종합고등학교 등은 사회개조를 실천에 옮기는 우렁찬 교육의 행진이라고 할 수 있다. 오랫동안 학교교육은 성인 중심, 서적 중심의 기억 만능 교육을 해왔으며 고정된 교육내용을 되풀이해 왔다. 이러한 전통적 교육에 반항하여 많은 교육의 선각자들이 새로운 학교형태를 모색해 왔다. 이러한 일련의 교육개혁 운동이 19세기에 이르러

나타나기 시작하였는데 이것이 전원학교 · 노작학교 · 생활학교 그리고 지역사회학교 등 여러 가지 명칭으로 불렸다.

한편 지역사회(community)[6]의 정의를 쿡(L. A. Cook)은 다음과 같이 들고 있다.

① 인구집합체(a population aggregate)

② 특정의 한정되고 인접한 지역에 삶(inhabiting a delimitable contiguous area)

③ 역사적 유산의 공유(sharing a historical heritage)

④ 일련의 기본적 봉사기관의 소유(possessing a set of basic service institutions)

⑤ 공동생활양식에의 참가(participating in a common mode of life)

⑥ 통일성의 의식(conscious of its unity)

⑦ 협동활동을 할 수 있음(able to act in a cooperate way)

이와 같이 지역사회는 일정한 토지가 필요하고 집단소속 의식이 강한 사람으로 구성되고 봉사기관과 여러 가지 사회체제가 있어야 한다. 그리고 통일성을 찾고 단결된 행동을 하는 데 지역사회의 특징이 있다.

지역사회에 대한 개념은 반드시 오늘의 행정구역과 일치하는 것은 아니고 그 범위를 일정하다고도 말할 수 없다. 그러므로 지역사회는 개인적 · 집단적 활동, 확대 변천의 과정을 밟는다고 할 수 있다.

지역사회의 유형도 농촌사회(rural community)와 도시사회(urban community)로 나눌 수도 있고 향토사회(local community), 지방사회(regional community),

---

6) community의 어간인 common 또는 communal은 공동의 또는 공동가치의 뜻이고 community는 공동으로 주고 나눈다는 의미이다.

국가사회(national community), 국제사회(international community)로 나눌 수도 있다.

동시에 지역사회 학교 운동의 본질은 주입식·암기식 교육과 이론 중심의 교육을 지양하고 좁고 가까운 지역사회중심의 교육을 통하여 국제사회에 이르기까지 그 지향을 현실화하고 실현화하는 데 있다.

① 지역사회학교는 성인을 위한 교육센터로서의 기능을 발휘할 것

② 지역사회학교는 인습적인 프로그램에 생명을 주기 위하여 지역 사회가 가진 교재를 이용할 것

③ 지역사회학교는 사회구조·사회과정 및 사회문제의 연구를 중심으로 교육과정(curriculum)을 설정할 것

④ 지역사회학교는 활동에 참가함으로써 지역사회를 개선할 것

⑤ 지역사회학교는 솔선해서 지역사회의 교육활동에 참여할 것

위의 5개의 방향을 내세우고 학교의 사회화는 물론, 지역사회의 주민을 교육적으로 편성함에 있어서 그 중심적 역할을 담당하려고 했다.

최근 우리나라에서도 지역사회 학교운동이 전개되고 있다. 결국 교육의 사회화 운동 성패가 그 나라의 교육과 국가사회의 운명을 결정할 것이 아니겠는가.

교육의 목적

Ⅰ. 변천하는 교육목적

1. 전인으로서의 인간

사람은 유목적적인 존재이다. 목적은 인간 행동의 방향을 결정해 주고 또 이를 추진해 주는 작용을 한다. 고대로부터 현대에 이르기까지 교육목적에 대한 많은 논의가 있어 왔다. 교육학에서는 전인(whole men)을 그 목표로 하고 있다. 전인이 갖추어야 할 주요 요인은 신체적 발달(physical development), 정서적 발달(emotional development), 지적 발달(intellectual development), 사회적 발달(social development) 등을 포함하는 것이다. 우리나라의 교육목적은 홍익인간으로 그 내용이 포괄하는 의미도 넓고 깊은 바 있다. 이 홍익인간의 이념은 인격의 완성, 자주적 생활능력의 습득, 공민으로서의 자질 함양, 민주국가의 발전과 인류 공영에의 헌신 등으로 되어 있다. 목적 없는 교육은 마치 나침판 없이 항해하는 것과 같다.

교육목적이 명료할수록 능률이 오르고 그 목적이 애매할수록 비능률적인 결과를 가져온다. 그러나 어떠한 교육목적을 설정하느냐 하는 것은 그 시대의 정치적·사회적·경제적·문화적 환경과 아주 밀접한 관계가 있어서 교육목적의 설정은 그리 용이한 것은 아니다. 스펜서(H. Spencer, 1820~1903)는 완전한 생활을 영위하기 위한 교육목적을 다음과 같이 들고 있다.[1]

① 직접적으로 자기를 보존하는 활동(Those activities which directly

---

[1] Frank P. Graves, *A students History of Education*, New York: The MacMillan Company, 1954, p.498.

minister to self−preservation)

② 생활에 필요한 물자를 얻어 간접적으로 자기를 보존하는 활동 (Those activities which, by securing the necessaries of life, indirectly minister to self−preservation)

③ 자손의 양육을 목적으로 하는 활동(Those activities which have for their end the rearing and discipline of offspring)

④ 정치적·사회적 관계를 적당하게 유지하는 활동(Those activities which are involved in the maintenance of proper social and political relations)

⑤ 취미는 감정의 만족에 대한 활동(Those miscellaneous activities which make up the leisure part of life, devote to the gratification of the tastes and feelings)

한편 1918년 미국 중등교육개편위원회에서는 중등교육의 7대 원칙으로서 다음과 같은 교육목적을 발표하였는데 이것은 스펜서의 교육목적을 개선한 것으로서 미국 교육의 방향을 정하는 데 큰 영향을 끼쳤다.

① 건강(health)

② 기본적 과정의 습득(command of fundamental−process)

③ 보람 있는 가정의 성원(worthy home membership)

④ 직업(vocation)

⑤ 공민교육(citizenship)

⑥ 여가의 선용(worthy use of leisure)

⑦ 도덕교육(ethical character)

또한 미국의 전국교육협회(National Education Association)의 교육정책위원회(Educational Policies Commission)가 1938년에 발표한 미국의 교

육목표는 민주사회에서 잘 교육된 사람(well educated person)은 다음 네 가지로 크게 나누고 그 내용을 아래와 같이 제시했다.[2]

1) 자기실현의 목적(The objectives of self-realization)

① 탐구심(the inquiring mind): 교육을 받은 사람은 배움에 대한 갈 망을 가지고 있다.

② 말하기(speech): 교육을 받은 사람은 모국어를 분명히 말할 수 있다.

③ 읽기(reading): 교육을 받은 사람은 모국어를 능률적으로 읽는다.

④ 쓰기(writing): 교육을 받은 사람은 모국어를 효과적으로 쓴다.

⑤ 수(number): 교육받은 사람은 계산하는 문제를 스스로 풀 수 있다.

⑥ 보기와 듣기(sight and hearing): 교육받은 사람은 듣기와 관찰 하기에 능숙하다.

⑦ 건강의 지식(health knowledge): 교육받은 사람은 건강과 질병에 관한 기초적인 사실을 이해하고 있다.

⑧ 건강습관(health habits): 교육받은 사람은 자기 자신의 건강과 부 양가족의 건강을 보호한다.

⑨ 공중위생(public health): 교육받은 사람은 지역사회의 보건을 증 진시키기에 힘쓴다.

⑩ 레크리에이션(recreation): 교육받은 사람은 각종 운동경기 및 기 타 오락에 참여하고 또 구경한다.

⑪ 지적 취미(intellectual interest): 교육받은 사람은 여가를 이용할

---

2) 서명원, 교육원이, 재동문화사, 1960, pp.56~60. *The purpose of Education in American Democracy*, Washington D.C. Educational Policies Commission, National Education Association of the United States and the American Association of School Administrators, 1938.

만한 정신적 자원을 가지고 있다.

⑫ 심미적 흥미(esthetic interests): 교육받은 사람은 미를 감상한다.

⑬ 품격(character): 교육받은 사람은 자기 생활을 책임지고 통제할 수 있다.

2) 대인관계의 목적(The objectives of human relationships)

① 인간성의 중시(respect for humanity): 교육받은 사람은 대인관계를 가장 중대한 것으로 본다.

② 우정(friendships): 교육받은 사람은 풍부하고 진지하고 다채로운 사회생활을 즐긴다.

③ 협동(cooperation): 교육받은 사람은 타인과 같이 일하고 같이 놀 수 있다.

④ 예의(courtesy): 교육받은 사람은 사회적 행동을 하는 데에 기쁨을 갖는다.

⑤ 가정의 감사(appreciation of the home): 교육받은 사람은 가정을 사회적 제도로서 감사하게 생각한다.

⑥ 가정의 보존(conservation of the home): 교육받은 사람은 가정의 이상을 보존해 둔다.

⑦ 가정 이루기(home−making): 교육받은 사람은 가정을 이루는 데에 기술을 가지고 있다.

⑧ 가정 내의 민주주의(democracy in the home): 교육받은 사람은 민주적 관계를 유지한다.

3) 경제적 효능의 목적(The objectives of economic efficiency)

① 일(work): 교육받은 생산자는 일을 힘껏 하는 데에 만족을 느낀다.

② 직업적 지식(occupational information): 교육받은 생산자는 각종 직업에 필요한 조건과 직업의 기회를 이해하고 있다.

③ 직업선택(occupational choice): 교육받은 생산자는 자기 직업을 선택하고 있다.

④ 직업의 효능(occupational efficiency): 교육받은 생산자는 자기가 선택한 직업에 성공한다.

⑤ 직업에의 적응(occupational adjustment): 교육받은 생산자는 자기 일의 사회적 가치를 잘 알고 있다.

⑥ 직업의 감사(occupational appreciation): 교육받은 생산자는 자기 일의 사회적 가치를 잘 알고 있다.

⑦ 개인의 경제(personal economy): 교육받은 소비자는 자기 자신의 경제생활을 계획한다.

⑧ 소비자의 비판(consumer judgement): 교육받은 소비자는 자기 지출을 조정하는 표준을 갖게 된다.

⑨ 효과적인 구매(efficiency in buying): 교육받은 소비자는 잘 알고 사고(구매) 또 효율적으로 사는 사람이다.

⑩ 소비자의 보호(consumer protection): 교육받은 소비자는 자기의 이익을 보호하기 위하여 적절한 수단을 취한다.

4) 시민적 책임의 목적(The objectives of civic responsibility)

① 사회적 정의(social justice): 교육받은 시민은 인간환경의 불공평에 대해서 민감하다.

② 사회적 활동(social activity): 교육받은 시민은 만족스럽지 못한 조
건을 수정하려고 활동한다.

③ 사회적 이해(social understanding): 교육받은 시민은 사회적 구조
와 사회적 과정을 이해하려고 노력한다.

④ 비판적 판단(critical judgement): 교육받은 시민은 선전에 속지 않
을 준비를 갖추고 있다.

⑤ 관용(tolerance): 교육받은 시민은 진정한 의견의 차이를 존중한다.

⑥ 자원애호(conservation): 교육받은 시민은 국가의 자원에 관해서
관심이 많다.

⑦ 과학의 사회적 응용(social applications of science): 교육받은 시민은
과학의 발전을 그것이 일반 복지에 얼마나 공헌하느냐에 따라
서 평가한다.

⑧ 세계시민성(world citizenship): 교육받은 시민은 세계지역사회에
협동하는 성원이다.

⑨ 준법정신(law observance): 교육받은 시민은 법률을 존중한다.

⑩ 경제적 의견(economic literacy): 교육받은 시민은 경제적 식견이
높다.

⑪ 정치적 시민성(political citizenship): 교육받은 시민은 자기의 시민
적 제 의무를 이행한다.

⑫ 민주주의에 대한 헌신(devotion to democracy): 교육받은 시민은
민주주의에 대해서 뚜렷한 충성심을 가지고 행동한다.

2. 교육목적의 사적 고찰

원시시대의 교육은 집단의 보존을 그 목표로 하였으며 동시에 외부의 침해로부터 생명과 재산을 보호하기 위하여 교육이 필요했던 것이다. 다시 말하면 집단생활의 안전을 위하여 서로 협력·단결하는 수단으로 교육이 필요했던 것이다.

희랍시대는 Sparta와 Athene의 도시국가(polis state)로 대표된다. 스파르타의 교육은 국가의 통제 밑에 인내·용기·복종·애국심 등을 통하여 전투를 위한 준비교육을 그 목적으로 삼았다. 국가에 대한 봉사심과 충성심을 길러 개인의 생명은 국가의 통제에 의하여 좌우되며 국민 생활과 교육은 모두 국가에 의하여 통제되고 지배되었던 것이다. 한편 아테네의 교육목적은 '선미로운 인간'(Kalokagathos)을 기르는 것으로서 자유인으로서의 교양교육이 모든 관심의 초점이었다. 스파르타의 훈련주의·군국주의와 아테네의 자유주의·교양교육의 원천은 오늘에 이르기까지 비교교육의 뜻에서 큰 의미를 갖는다.

로마시대의 교육은 준법정신과 특히 자녀에 대한 부권이 엄격하였다. 동시에 학교교육보다도 가정교육을 중요시하였다. 교육의 목적은 12동 판법에 의하여 덕목의 실천에 있었고 웅변술을 익히고 위인 생활을 모방하는 데 있었다. 희랍과 로마가 현실적이며 지적이고 자연적인 것으로 인본주의적이라고 한다면 중세는 신본주의의 성격으로 일관되었다. 인간보다 신, 현세보다는 내세에 더 많은 관심을 갖고 있었다. 인간생활의 모두가 그리스도교의 교리로 규정되었고 모든 문화와 학문도 그 신학 밑에 있었다. 그렇기 때문에 중세를 지배한 교육은, 즉 종교였다. 그래서 미래의 영원한 평화와 안정을 찾기 위하여 일시적인 현세의 생활은 인내와 극기, 정신적 단련으로 극복해야 하도록 되어 있었다. 고대 희랍과 로마시대가 외면적 세계의 발굴에 중점을 두었다면 중세에 와서는 인간의 내면적 세계의 심화를 위하여 모든 질서의 순위가 잡혀 있었다. 그렇기 때문에 중세에서 생각한 완전한 생활은 내면적이요, 영원적인 생활에 종교를 떠나서는 아무것도 생각할 수가 없었다.

근세 문예부흥(Renaissance)과 종교개혁(Reformation)은 중세사회에 대한 반항운동으로서 신학 속에 매몰되어 있는 여러 학문을 발굴·발전시키며 동시에 중세의 종교적 구속 대신에 개인의 자유·자아의 발견을 통하여 희랍시대와 같이 자유 교육의 부활로서 인문주의 교육을 회복하는 것을 교육목적으로 삼았다. 특히 종교개혁으로 말미암아 중세교육의 전통에서 벗어나 새로운 근대적 방향으로 개혁하는 데 큰 동기가 되었다.

17세기 실학주의 교육운동은 인문적 실학주의(humanistic realism), 사회적 실학주의(social realism), 감각적 실학주의(sense realism)로 진전되면서 고전을 통한 현대화, 사회활동을 통한 실제화, 자연법칙의 학습화 등을 통하여 과학적이요, 합리적인 위에다 교육의 실제를 개혁하려 했다. 밀턴(J. Milton, 1608~1674), 라트케(W. Ratke, 1571~1635), 로크(J. Locke, 1632~1704), 코메니우스(J. A. Comenius, 1592~1671) 등은 각각 실학주의 운동의 선구자들이었다.

17세기 후반에서 18세기에 걸쳐 일어난 계몽주의 운동은 종교와 국가 사회, 그리고 사회의 속박에서부터 벗어나 개인의 자유, 이성의 확립 등으로 방대한 이상주의 철학을 체계화하였으며 한편 자연과학의 도입에 의한 새로운 세계관을 수립하였다. 루소(J. J. Rousseau,

1712~1778)는 자연주의 교육을 주장하였으며 페스탈로치(J. H. Pestalozzi, 1746~1827)는 정신력·심정력·기술력의 조화를 역설하였으며 헤르바르트(J. F. Herbart, 1776~1841)는 정신과 인격의 전 발달을 교육의 목적으로 삼았다. 프뢰벨(F. W. A. Fröbel, 1782~1852)은 아동의 자유로운 표현을 통해서 신성을 발휘하는 것을 교육목적으로 삼았다.

이렇게 철학적·심리학적 기초에서 발전되었던 교육은 19세기에 들어서면서 교육의 사회화 운동이 전개되었다.

올센(E. G. Olsen, 1908~)은 『학교와 지역사회』(School and Community, 1954)라는 저서를 내어 모름지기 민주교육은 지역사회학교 이외에는 있을 수 없다는 열렬한 신념과 열정을 토로했다.

듀이(J. Dewey, 1859~1952)는 실험주의(experimentalism)를 주장하여 사회란 고정불변의 것이 아니라 항상 변화되어 가는 것이라고 했다. 따라서 실험주의 교육의 목적은 사회질서 개조에 이바지하는 인간을 양성하는 데 있다. 듀이는 그의 교육사상을 『나의 교육학적 신조』(My Pedagogic Creed)로 요약했다. 이 속에서 교육이란 무엇인가(What is education)를 간추려 보기로 한다.

"나는 이렇게 믿는다."

모든 교육은 개인이 그가 속하는 인종에 대한 사회적 의식에 참여함에 의하여 행하여진다(I believe that all education proceeds by the participation of the individual in the social consciousness of the race).

"나는 이렇게 믿는다."

오직 참된 교육은 아동이 자기 자신을 찾아내는 사회적 사정의 요구에 의하여 그 능력이 자극될 때 비로소 이루어진다(I believe that the only true education comes through the stimulation of the chi1d's powers by the demands of the social situations in which he finds himself).

"나는 이렇게 믿는다."

이 교육과정은 두 가지 면 ― 하나는 심리학적이요, 또 하나는 사회학적이다 ― 을 가지고 있는데 어느 하나를 다른 한쪽에 종속시키거나 또는 등한시할 때에는 반드시 좋지 못한 결과를 가져온다. 이 두 면 가운데서 심리학적인 면이 기초가 된다. 아동 자신의 본능과 능력이 교재가 되고 모든 출발점이 된다(I believe that this educational process has two sides, one psychological and one sociological and that neither can be subordinated to the other, or neglected, without. Evil results following, of these two sides, the psychological is the basis. The child's own instincts and powers furnish the material and give the starting−point for education).

"나는 이렇게 믿는다."

아동의 힘을 올바로 이해하기 위해서는 사회사정과 현대문명 상태에 대한 지식이 필요하다. 아동은 그 자신의 독특한 본능과 경향을 가지고 있는데, 우리는 이것을 사회적인 것으로 보아 그와 대등한 것으로 옮길 수 있을 때, 비로소 이것들이 무엇을 의미하는가를 알 수 있다(I believe that knowledge of social conditions, of the present state of civilizations, is necessary in order properly to interpret the child's powers. The child has his own instincts and tendencies, but we do not know what these mean until we can translate them into their social equivalents).

"나는 이렇게 믿는다."

요컨대 교육받은 개인은 사회적 개인이며 사회는 개인의 유기적 결합이라고 나는 믿는다. 우리가 아동으로부터 사회적 요소를 제거한다면 거기에는 오직 하나의 추상물만이 남는다. 우리가 사회로부터 개인적인 개성요소를 제거한다면 거기에는 타성적인 생명 없는 집단만이 남는다. 그렇기 때문에 교육은 아동의 능력·흥미 및 습관의 심리학적 통찰로부터 시작해야 한다(In sum, I believe that the individual who is to be educated is a social individual, and that society is an organic union of individuals. If we eliminate the social factor from the child we are left only with an abstraction. If we eliminate the individual factor from society, we are left only with an inert and lifeless mass. Education, therefore, must begin with a psychological insight into the child's capacities, interests, and habits).

또한 현대의 지성을 대표하는 러셀(B. Russell, 1872~1970)은 현대사회에 부응하는 인간의 공통적인 이상적 성격을 형성하기에 필요한 특징을 다음과 같이 들고 있다.

1) 생명력(vitality)

생명력은 정신적 특질이라기보다는 오히려 생리적인 특질로 생각해도 무방하겠다. 생명력은 취학 전기서부터 충실하기 시작하여 대학 졸업을 전후로 절정에 달한다. 이 소중한 생명력은 교육방법에 따라서 감퇴되기가 쉽다. 그는 이 점을 대단히 경계하고 있다. 재미있는 것은 어린이의 경우 이 생명력은 학교에 입학하기 전까지 최대한으로 힘을 발휘하는데 그 후 학교교육에 의해서 약해지고 만다는 것이다. 그에 의하면 인간의 생활을 지배하는 힘은 의식적 목적(conscious purpose)과 충동(impulse)인데 전자보다도 후자가 강할 때를 말한다. 이 충동이 창조적으로 발휘하게 될 때 인간생활은 선해지는 것이다. 그s

는 나이를 초월해서 신선함, 정열, 번득임, 진취적인 태도, 생생한 마음, 낙관적인 생활태도를 상망했다. 그는 언제나 옥외수업을 장려했던 것이다. "아이들은 마치 묘목과 같아서 그들만의 독특한 토양·광선·공기·벗이 필요하다." '아이는 어른의 아버지'란 말이 있거니와 하나의 형식으로 많은 아이들을 규제하고 성인의 기준에서 아동을 평가하는 것이 얼마나 무서운 죄악일까. 오늘처럼 인류는 사는 데 희망을 상실하고 나타난 절망에 빠져 있을 때 우리에게 긴요한 것은 인간에게 희망을 주는 지성과 에너지이다. 그가 말하는 생명력은 신체적 건강과 정신적 정상을 뜻하는 것이다. 생명력은 인간의 건강과 지성을 같은 방향으로 조순하는 힘이다.

2) 용기(courage)

지난 교육에서는 전장에 임하는 용기를 하나의 중요한 미덕으로 생각하여 청소년을 훈육한 사례가 허다하다. 이것도 하나의 용기임에는 틀림없다. 그러나 교육의 역사를 더듬어 보면 이러한 용기를 양성하는 수단으로서 언제나 치욕과 굴욕이 따랐던 것이다. 이것은 아주 부당한 일이라고 생각한다. 참으로 기대되는 용기는 억압과 치욕이 사용되지 않는 올바른 내면적인 용기의 덕을 육성하는 것이 소중한 문제일 것 같다. 올바른 용자는 자기 내부에서 사는 자이다. 현대인의 얇은 진리의 척도를 지나치게 객관화하는 경향이라 하겠다.

그가 강조하는 용기는 신체적·전쟁적 용기가 아니라 지성적·사회적 의미의 용기다. 다시 말하면 도덕적 용기(moral courage)와 지성적 용기(intellectual courage)의 융합된 상태를 말하는 것이다. 용기는 나오는 것이 아니요, 찾는 것이요, 확실한 자아를 발견하는 데서 길러지는 것이다.

3) 감수성(sensitiveness)

외계에서 많은 자극이 그 사람의 감정적인 태도로 드러날 때 이것을 감수성이라고 한다. 외계에서 들어오는 자극 중에는 구체적인 자극과 추상적인 자극이 있다. 러셀은 이 양자 중에서 후자에 더 중점을 둔다. 이와 같이 추상적 공감에 대한 능력의 육성이 현대사회의 병폐를 몰아내는 초점으로 생각했다. 가족 중에 전사자·부상자가 났을 때 많은 사람은 전쟁의 공포를 통감한다. 이 경우를 구체적인 자극이라고 부른다.

먼 나라, 이웃 나라, 남의 가족에서 전사자나 부상자가 났을 때에는 먼저보다는 그 강도가 훨씬 경미하다. 어떤 사람은 아주 공감조차 하지 못하는 사람이 있다. 이 때문에 현대는 불안과 전장의 도가니로 끓게 되는 것이다. 이 경우를 추상적인 자극이라고 한다.

따라서 추상적인 자극에 대한 감수성의 육성은 오늘날 교육의 중요한 문제이다. 남의 불행을 자기의 불행으로 느끼는 세계시민적인 정신, 보이지 않는 참상을 본 것 이상으로 느끼는 감수성이 앞으로 긴급한 교육의 본령이 될 것이다. 이렇게 될 때 감수성의 문제는 지성의 문제로 직결된다.

4) 지성(intelligence)

지성 속에는 그가 말하는 현실의 지식과 지식에 대한 수용성이 포함된다. 러셀은 후자에 역점을 둔다. 지성은 편견 없는 허심(openmindedness)이다. 지난 교육의 거다란 오류는 지식을 주입시키려는 욕망 때문에 지성의 훈련을 소홀히 한 데 있다. 지성은 지식의 축적으로 얻어지는 것은 아니다.

인류에게 행복을 가져오는 것은 지식이 아니라 지성이다. 이 평범한 말을 널리 보급하고 유포시키는 것이 러셀의 커다란 과제였다. 지금처럼 행동을 지성에 의해서 통제하는 일이 중대했던 때는 없었을 것이다. 인류는 상호 말살의 단애와 숨바꼭질하면서도 오로지 지성적인 행동에 의해서 우리들의 생존을 보장하고 나아가는 것이다. 어떻게 생각하면 이것은 하나의 꿈인지 모른다. 그 속에서 하루가 가고 해가 바뀌고 세대가 교차되고 있다.

Ⅱ. 우리나라의 교육목적

우리나라의 교육목적은 교육법에 제시되고 있다. 즉 교육법 제1조에서는 "교육은 홍익인간3)의 이념 아래 모든 국민으로 하여금 인격을 완성하고 자주적 생활능력과 공민으로서의 자질을 구유하게 하여 민주국가 발전에 봉사하며 인류공영의 이상실현에 기여하게 함을 목적으로 한다"라고 하였다. 우리나라 교육의 목표를 크게 나누어 보면 다음의 3가지로 볼 수 있다.

① 인격의 완성

② 자주적 생활능력의 습득

③ 공민으로서의 자질의 함양

---

3) 홍익인간이란 뜻이 아주 모호하다. 삼국유사에는 "하시삼위태백가이홍익인간"이라고 했고 제왕운기에는 "하지삼위태백홍익인간여"로 나타나고 있다. 세종실록지리지에서는 "의욕하화인간"으로 그 뜻이 바뀌어 나타나고 있다. 하여튼 단군시대가 지니는 건국이념을 한마디로 홍익인간으로 표현할 수 있다는 점에서 좀 의미는 모호하나 우리나라 교육목표로 삼은 듯하다.

이렇게 함으로써 민주국가의 발전과 인류공영에 이바지할 수 있는 사람을 만들자는 것이다.

제2조에서는 위의 목적을 달성하기 위하여 다음과 같은 7개 교육방침을 세운다고 하였다.

① 신체의 건전한 발육과 유지에 필요한 지식과 습성을 기르며 아울러 견인불발의 기백을 가지게 한다.

② 애국애족의 정신을 길러 국가 자주독립을 유지 발전하게 하고 나아가 인류평화건설에 기여하게 한다.

③ 민족 고유문화를 계승 앙양하며 세계문화의 창조발전에 공헌하게 한다.

④ 진리탐구의 정신과 과학적 사고력을 배양하여 창의적 활동과 합리적 생활을 하게 한다.

⑤ 자유를 사랑하고 책임을 존중하며 신의와 협동과 경애의 정신으로 조화 있는 사회생활을 하게 한다.

⑥ 심미적 정서를 함양하여 숭고한 예술을 감상, 창작하고 자연의 미를 즐기며 여유의 시간을 유효히 사용하여 화해 명랑한 생활을 하게 한다.

⑦ 근검노작하고 무실역행하며 유능한 생산자요, 현명한 소비자가 되어 건실한 경제생활을 하게 한다.

각 발달단계에 따른 학교단계에서의 교육목표는 다음과 같다.

(1) 초등학교의 교육목적

초등학교는 국민생활에 필요한 기초적인 초등보통교육을 하는 것을 목적으로 한다(교육법 제93조).

- 일상생활에 필요한 국어를 정확하게 이해하며 사용할 수 있는 능력을 기른다.
- 개인과 사회와 국가와의 관계를 이해시켜 도의심과 책임감, 공덕심과 협동정신을 기른다. 특히 향토와 민족의 전통과 현상을 정확하게 이해시켜 민족의식을 앙양하며 독립자존의 기풍을 기르는 동시에 국제협조의 정신을 기른다.
- 일상생활에 필요한 수량적인 관계를 정확하게 이해하며 처리하는 능력을 기른다.
- 일상생활에 나타나는 자연사물과 현상을 과학적으로 관찰하며 처리하는 능력을 기른다.
- 일상생활에 필요한 의식주와 직업 등에 대하여 기초적인 이해와 기능을 기르며 근로역행, 자립자활의 능력을 기른다.
- 일상생활을 명랑하고 화락하게 하는 음악 · 미술 · 문예 등에 대하여 기초적인 이해와 기능을 기른다.
- 보건생활에 대한 이해를 깊게 하며 이에 필요한 습관을 길러 심신이 조화적으로 발달하도록 한다.

(2) 중학교의 교육목적

중학교는 초등학교에서 받은 교육의 기초 위에 중등보통교육을 하는 것을 목적으로 한다(교육법 제100조).

중학교 교육은 전 조의 목적을 실현하기 위하여 다음 각 호의 목표를 달성하도록 노력하여야 한다(同 101조).

- 초등학교 교육의 성과를 더욱 발전, 확충시켜 중견국민으로 필요한 품성과 자질을 기른다.

- 사회에서 필요한 직업에 관한 지식과 기능 근로를 존중하는 정신
과 행동 또는 개성에 맞는 장래의 진로를 결정하는 능력을 기른다.
- 학교 내외에 있어서의 자율적 활동을 조장하며 감정을 바르게 하
고 공정한 비판력을 기른다.
- 신체를 단련하여 체력을 증진시키며 건전한 정신을 기른다.

(3) 고등학교의 교육목적

고등학교는 중학교에서 받은 교육의 기초 위에 고등보통교육과 전
문교육을 하는 것을 목적으로 한다(교육법 제104조).

고등학교 교육은 전 조의 목적을 실현하기 위하여 다음 각 호의 목
표를 달성하도록 노력하여야 한다(同 105조).
- 중학교 교육의 성과를 더욱 발전, 확충시켜 중견국민으로서 필요
한 품성과 기능을 기른다.
- 국가사회에 대한 이해와 건전한 비판력을 기른다.
- 민족의 사명을 자각하고 체위의 향상을 도모하며 개성에 맞는 장
래의 진로를 결정케 하며 교양을 높이고 전문적 기술을 기른다.

(4) 대학의 교육목적

대학은 국가와 인류사회 발전에 필요한 학술의 심오한 이론과 그
광범하고 정치한 응용방법을 교수, 연구하며 지도적 인격을 도야하는
것을 목적으로 한다(교육법 제108조).

교육과정

Ⅰ. 교육과정의 성질[1]

1. 교육과정의 의미

교육과정이란 말은 대단히 넓은 뜻으로 사용되고 있다. 일정한 교육기관에서 모든 과정을 마칠 때까지 요구되는 교육내용, 그 교육내용을 학습하기에 필요한 연한, 또 그 연한 내에 있어서의 학습시간 배당을 포함한 교육의 전체 계획이라고 할 수 있다. 다시 말하면 학교의 교육목적을 달성하기 위하여 선택한 문화재 또는 생활경험을 교육적인 관점에서 편성하고 그들 학습활동이 언제, 어디서, 어떻게 행해질 것인가를 종합적으로 묶은 교육의 전체계획이라고 할 수 있다.

그러나 이와 같은 뜻으로 사용되는 교육과정이란 결코 간단하게 정의되지 않는다. 교육과정에 대한 의의는 일반으로 논자의 견해에 따라 또 시대와 장소에 따라 다르기 때문이다. 그러나 여러 가지 견해에 따라 달리 사용되어 온 이 술어에 대한 개념은 대체로 두 가지 계통의 의견으로 집약할 수 있다. 하나는 교육과정이란, 교사가 학생을 가르치고 훈련시키기 위하여 마련된 것이라 하였고 또 다른 하나는 교육과정이란 교육이 이루어지는 환경이라는 것이다. 그러나 오늘날은 교육과정이란 학교의 책임하에 이루어지는 아동·학생들의 모든 경험을 포함해서 보다 넓은 뜻으로 사용하고 있다.

이와 같이 볼 때 교육과정이란, 학교가 학생에 대하여 선택된 교육적인 경험을 준비하여 그들의 성장발달을 도와주며 학습에 의한 행

---

1) 대한교육련합회, 교육학사전, 1965, pp.105~106.

동의 변화를 초래케 하는 자료로 삼는 것이라고 할 수 있다.

따라서 종래에 교과라든가 교재라고 불린 것도 결국은 학생의 성장 발달을 돕기 위하여 마련된 선택경험이라 볼 수 있다. 다만 교육관에 따라 그 뜻이 일정하지 않으므로 경우에 따라서는 일련의 교과 체계라고도 했고 또 작업이나 활동을 포함한 생활경험이라고도 한 것이다.

그러나 어떠한 입장에서 교육과정을 해석하든지를 막론하고 그것은 학생들의 경험을 통하여 교육목표에 맞는 성장 발달을 하고 바람직한 행동변화를 일으킴을 기대하는 것이므로 결국은 교육목적을 달성하기 위한 수단이라고 할 수 있다. 따라서 교육과정이란, 가르쳐야 하는 것이라든가 또는 전달해야만 할 것이라 하여 목적과 혼동해서는 안 된다. 목적은 어디까지나 학생 자신들의 성장 발달에 있는 것이지 교육내용 그 자체에 있는 것이 아니기 때문이다. 전통적인 교육에서는 지적 체제로 갖추어진 교과나 교재를 마치 교육의 전부처럼 생각하는 경향은 목적과 수단을 혼동한 것이라고 할 것이다.

이와 같은 뜻을 가지고 있는 교육과정이란 말의 어원은 라틴어의 쿠레레(currere), 즉 '뛴다'는 의미의 동사다. 그 명사로서의 커리큘럼(curriculum)은 주로, 즉 말이 달리고 사람이 뛰는 경주의 코스(course), 달리는 코스(race course)를 의미하였다.

이 말이 교육에 전용되어 학생이 일정한 목표를 향해서 달리는 과정이라는 뜻으로 사용하게 되었다. 그리고 흔히 말하는 course of study란 라틴어를 영어로 옮긴 것으로서 본래 curriculum이라든가 Course of Study는 같은 뜻으로 사용되었던 것이다.

그러나 curriculum이란 다만 '뛴다'든가 과정만을 의미하는 것은 아니다. 뛰는 과정에는 반드시 그 내용이 따라야 한다. 즉 무엇인가 학생이 학습하고 경험하는 내용이 필요하다. 여기에서 curriculum이란 말이 교육에 전용되어 일정한 순서로 배열된 학습의 course와 더불어 학습내용이나 경험내용을 의미하게 된 것이다. 즉, 학생이 경험하는 내용으로서의 학습경험 및 생활경험 그 자체를 의미한다. 여기에서 교육과정이란 학교의 지도 밑에 이루어지는 학생의 학습활동의 총체 또는 여러 가지 경험의 총체라고 할 수 있다.

2. 교육과정의 현대적 경향

현대 교육과정의 특징은 첫째로, 경험성에 기초를 두고 있다. 듀이는 '행동에 의한 학습(learning by doing)', '경험에 의한 학습(learning by experience)'을 강조했고, 페스탈로치도 '생활이 도야한다(Leben ist bildet)'고 했다. 주입식·암기식 등의 주지주의 교육은 생활과 유리된 지식을 학습하는 데 몰두한 나머지 하나의 유목적인 생활과정 속에서 경험의 통일을 기할 수가 없었다. 그렇기 때문에 현대적 교육과정이란 이미 계획되고 예정된 대로 교사가 집행하는 데 있지 않고 학습활동 과정에서 수시로 변경 보강될 수 있는 융통성을 갖는 데 있다. 교사에 의하여 아무리 세밀하게 계획되었다고 하더라도 결국은 학생의 창조적인 경험에 따라 그 방향과 내용이 다양하게 변화되어야 한다. 교육은 그 자체가 목적이 아니라 하나의 수단이기 때문에 학생들의 경험과 생활 속에서 끊임없이 재구성되어야 할 것이다.

둘째로, 현대 교육과정의 특징은 사회화에 있다. 플라톤은 "인간은 풍습이라고 하는 모유를 먹고 자란다"라고 했다. 인간은 사회적 동물이기 때문에 마치 고기가 물을 떠나서는 잠시도 살 수 없는 것과 마찬가지로 사람도 사회를 떠나서는 잠시도 살아갈 수 없다. 올센은 개인을 둘러싸고 확장되는 지역사회를 향토사회(local community) → 지방사회(regional community) → 국가사회(national community) → 국제사회(international community)로 설명하고 있다.

학습은 쉬운 것에서부터 어려운 것으로, 또 간단한 데서 복잡한 데로, 그리고 가까운 데서 먼 데로 가르치고 배워야 한다. 그렇기 때문에 교육의 지역화·사회화를 위하여 교과서도 단일 교재를 어디서나 사용하는 추세는 앞으로 지양되어야 할 것이다. 자기 마을과 학교 주변의 문화재·지형·전통으로 시작해서 자기 나라, 이웃 나라, 먼 나라로 학습을 해야 할 것이다. 자기 나라 것은 아무것도 전혀 모르고 남의 나라 것만 잘 안다고 해서 반드시 바람직한 현상이라고 볼 수는 없는 것이다.

셋째로, 현대 교육과정의 특징은 통합화의 경향이다. 요즈음 흔히 단원(unit)이란 말을 하거니와 이 뜻은 통합·전체·총체 등을 의미하는 것으로 모든 교육내용은 고립해서 존재할 수 없고 서로 관련되어 있다는 것이다. 어떠한 교과라도 하나의 체계를 갖추기 위해서는 많은 다른 교과의 내용을 기초로 하지 않고서는 설명할 수도 없고 이해하기도 어려워 개별적으로는 학습을 진행하기가 힘들다. 전통적 교육과정은 단편적 성격(fragmentary nature)으로 단정할 수 있다. 그렇기 때문에 이 종합적·통합적 경향은 구 교육에 있어서의 모든 단편적 성격에 대한 반동이라고 할 수 있다. 우선 교과의 종합 내지 통합을 통하여 이것을 학습하는 학생으로 하여금 전체로서의 인간(men as whole)을 육성하려는 것이다. 과거 지난 교육의 모순은 너무 과다한 교육내용을 단편적으로 가르친 데 있다. 예를 들면 지구상에서 같은 시대에 일어난 일이지만 국사·동양사·서양사 등으로 구분하여 상호 관련 속에서 가르쳐지지 않았기 때문에 서로 횡적인 이해관계가 전혀 학습되지 않은 데 큰 문제점이 있다고 하겠다.

이런 현상은 비단 역사 교육뿐만 아니라 전 교과에 관계되는 문제다. 어학 교육을 다시 예를 들어 보자. 독본은 독본대로, 문법은 문법대로, 작문은 작문대로 따로 배우고 가르쳤기 때문에 부분적으로는 알고 있으나 전체적인 이해를 덜하고 있기 때문에 많은 시간을 허비해서 배운 어학 교육이지만 실제 활용 면에는 극히 저조한 현상을 흔히 본다. 그래서 교과선(subject matter line)을 헐어 상호 밀접하게 연관되어 있는 내용은 내용대로 종합적이고 통합적인 면으로 학습을 해야 하는 것이 현대 교육과정의 주요한 특징이라고 하겠다.

계속해서 현대 교육과정의 일반적인 성질을 함종규는 다음과 같이 종합하고 있다.[2]

① 커리큘럼(curriculum)은 넓고 또 포괄적인 것이어야 한다. 즉 아동·학생과 교사의 모든 생활 영역에 걸쳐서 풍부한 경험재료를 갖추어야 한다.

② 커리큘럼은 교육의 목적을 달성하기 위한 수단이다. 항상 교육의 목적과 교육의 이념이 반영되어야 하고 목적과 이념의 변화에 따라서 변하는 것이다.

③ 커리큘럼은 개인차가 고려되어야 한다. 민주사회와 각 개인은 자기 성격의 특성을 발전시킬 권리를 가지고 있다. 교육은 전체

---

2) 함종규, 교육학개논, 재동문화사, 1964, pp.79~80.

적으로 민주시민으로서의 일반적인 수준을 유지해야 하지만 그 응용에 있어서는 각 개인의 능력이나 흥미의 차에 따라서 개별화되어야 한다.

④ 커리큘럼은 아동·학생의 창조력을 강하게 기르는 것이어야 한다. 일정한 형을 모든 아동·학생에게 강요하는 것은 그들의 천재적인 재능을 죽이게 되는 수가 많다. 외부에서 교사가 강요하는 것보다도 내부적인 어린이들의 흥미나 욕구에 따라서 활동하도록 유도해야 한다. 또한 학습상 기초적이며 본질적인 것을 제외하고는 기억 위주의 학습을 배척해야 한다.

⑤ 커리큘럼은 생활 중심이어야 한다. 그것은 아동·학생 중심에 빠져서도 안 되고 그렇다고 성인 중심이 되어서도 안 된다. 커리큘럼은 생활에 중점을 두어야 한다. 생활중심의 커리큘럼은 아동·학생과 사회의 현재 및 장래의 생활만을 생각할 뿐만 아니라 동시에 민족의 역사적 배경도 충분히 고려하여야 한다.

⑥ 커리큘럼은 민주적으로 협력해서 마련하여야 한다. 민주주의의 요청의 하나는 많은 사람들이 협력해서 마련하는 것이다. 학교 커리큘럼에 있어서도 마찬가지이다.

⑦ 커리큘럼은 부단히 개정할 필요가 있다. 정적이며 변화하지 않는 사회에 있어서는 커리큘럼을 개정해야 할 요구가 생기지 않으나, 오늘날과 같이 동적이고 끊임없이 진보하는 사회에 있어서는 그 사회의 변화와 더불어 커리큘럼도 끊임없이 개조되어야 한다. 그래야만 교사도 그때그때 생활의 요구에 따르는 교육을 할 수 있는 것이다. 그러나 그 변화는 급격한 혁신적인 것이어서는 안 된다. 교육에서 비약을 기할 수 없는 것과 같이 급격

한 개정은 교육의 혼란을 가져올 것이기 때문이다.

⑧ 이론적으로 볼 때 커리큘럼은 각 학교가 모두 동일할 수 없다. 왜냐하면 각 지역사회는 그 나름으로의 환경·습관·특성 및 요구를 가지고 있다. 그리고 그 지역사회를 배경으로 한 아동·학생의 요구도 각기 다르다. 커리큘럼은 이와 같은 요구도 받아들여야 하므로 한 학교의 커리큘럼이 다른 학교에서도 적합하다고는 볼 수 없다.

Ⅱ. 교육과정 구성상의 문제

어떤 경험을 학생에게 하게 할 것이냐 하는 교육과정의 문제를 해결하기 위해서는 다음의 다섯 가지 문제가 필요하다.

① 어떤 교육목적들을 설정하느냐.

② 이들 교육목적을 달성하기 위해 어떤 학습경험들을 선정하느냐.

③ 보다 나은 학습효과를 얻기 위하여 이들 학습경험을 어떻게 조직할 것인가.

④ 실제로 학생이 경험한 것을 어떻게 지도할 것인가.

⑤ 과연 얼마나 많은 목적들을 달성하였는지를 어떻게 평가할 것인가.

다시 말하면 교육목적의 설정, 학습경험의 선정, 학습경험의 조직, 실제 학습지도, 교육평가의 다섯 가지 문제이다.

1. 교육목적의 설정

어떤 교육목적이든지 첫째로, 학생에게 타당성이 있어야겠다. 즉, 교육목적이 학생의 필요 능력에 비추어 타당해야겠다. 학생들이 원하지 않는 것은 아무리 가르쳐도 그 효과를 얻을 수 없기 때문이다. 그렇기 때문에 교육목적 설정에 있어서 피교육자인 학생들은 중요한 기초가 된다.

둘째로, 사회에의 타당성이 있어야겠다. 교육목적이 그 사회의 이념·필요·문제 등에 비추어 타당해야 하기 때문이다. 교육은 사회발전의 필요에 응해야 할 것은 그 존재 이유 중에 가장 으뜸이 되는 것이기 때문이다.

셋째로, 문화유산에의 타당성을 들 수 있다. 모든 학문은 문화유산 중에서 가장 결정적인 것이라고 할 수 있다. 그렇기 때문에 교육적인 가치는 문화유산의 타당성과 어느 정도 일치해야 될 것이다.

넷째로, 철학에서의 타당성을 들 수 있다. 교육목적은 서로 대치되지 아니하여야 하며 서로가 시종일관 조화된 목적, 일관적인 체계를 이루어야 한다. 다시 말하면 인생과 사회화 교육에 있어서 통일적인 이념이 세워져야 할 것이다.

다섯째로, 학습심리의 타당성이 있어야 하겠다. 인간의 발달 정도에 맞추어 가능한 시간에 가능한 목적을 달성할 수 있도록 기획되어야 할 것이다.

2. 학습경험의 선정

일정한 교육목적들이 설정되었으면 그 목적을 달성하기 위하여 학생들이 어떤 학습경험을 해야 할 것인가를 선정해야 될 것이다. 일정한 교육목적의 달성을 하려면 일정한 학습경험을 할 수 있도록 교사는 교육내용과 시설과 분위기를 조성 준비해야 할 것이다. 이때에 설정된 교육목적을 달성할 수 있는 여러 내용을 하나도 빠짐없이 포괄하여 그 범위(scope)를 결정해야 한다.

3. 학습경험의 조직

교육과정의 구성에서 학습경험의 선정만으로는 불안정하다. 학습의 범위, 즉 scope에 의하여 선정된 학습내용은 그 정도나 순서에 따라 학습의 서열을 결정하는 계열(sequence)을 정해야 한다. 단순히 교육목적에 비추어 선정된 학습경험을 순서적으로 조직화하는 단계이다. 학습경험의 조직에서는 각 경험들의 계속성(continuity)·계열성(sequence)·통합성(integration)이 필요하다. 계속성·계열성은 교육과정의 종적 조직의 문제이고 통합성은 횡적 조직의 문제이다. 무엇을 가지고 어떻게, 어떤 모양으로 조직하면 학습 경험의 계속성·계열성·통합성이 이루어질 것이냐 하는 조직의 원칙구조의 문제를 말하는 것이다.

4. 실제 학습지도

교육목적을 달성하기 위하여 학습경험의 선정 및 조직의 3단계는 사전계획이요, 나중에는 이러한 학습경험들이 어떤 길로서 학생들에게 경험되게 하는가 하는 문제가 남는다. 실지 학습지도의 단계에서 고려할 것은 학생들의 학습동기를 유발 및 유지할 것, 학생 및 지역사회의 여러 실제 조건들을 파악·판단하여 유목적적으로 그것을 활용하고 그것에 적응할 것, 여러 학생의 여러 가지 개인차를 파악·고려하여 그것을 교육적으로 활용할 것, 한 사회집단으로서의 학급의 제 특징을 파악하고 교사는 현명한 지도자의 역할을 할 것 등을 지적할 수 있다. 실지의 지도활동으로서는 교사·학생공동계획(teacher-pupil planning)과 학교·지역사회공동계획(school-community planning) 및 그 때그때의 학생의 흥미·필요·목적의 판단, 현명한 분단의 조직 등이 필요하게 된다.[3]

　교육과정의 계획 자체에도 이러한 실지 지도의 여러 가지 문제를 정확히 판단하여 미리 계획된 경험으로만 성취할 수 있는 것이 아니라 때로는 전연 다른 경험을 보강함으로써 교육목적·학습효과를 이룩할 수 있는 것이며, 이것이 바로 인간행동의 무궁한 묘미이며 교육행동의 강점인 것이다.

5. 교육평가

　교육은 해 버리고 마는 것이 되어서는 안 된다. 모든 유목적적인 활동에 대해서는 반드시 그 평가가 가해져야 할 것이다. 일정한 교육목적을 세우고 그 목적을 달성하기 위하여 일련의 학습경험을 선정

---

3) 정범모, 교육과정, 교육출판사, 1961, p.98.

하여 교육을 실시, 지도하였다면 그 목적의 달성 정도를 평가·측정해야 될 것이다. 모든 교육목적은 학생의 어떤 행동변화를 측정하는 내용이 되어야 할 것이다. 교육평가는 단순히 성적 내기, 우열 판단, 무조건 시험 보고 채점하는 데만 그칠 것이 아니라 학생들의 이해·사고력·기술·능력·습관·태도·감상력·표현력·사회성·정의성 등에 대한 인간행동형의 평가 및 측정을 해야 할 것이다.

Ⅲ. 교육과정의 유형

교육과정의 유형을 구분하는 방법은 여러 가지가 있으나 홉킨스(T. Hopkins)는 교과교육과정(subject matter curriculum)과 경험교육과정(experience curriculum)으로 구분하였다.4)

교과교육과정은 교과를 중심으로 구성하는 전통적인 형태로 종래의 모든 교육과정은 이 형태에 속한다. 그러나 현대에 와서는 진보주의 교육이 활발히 전개되면서 교육과정도 경험을 기초로 해서 구성되는 경험교육과정으로 점차 옮겨지고 있다. 이 교과교육과정과 경험교육과정을 양극으로 하여 상관교육과정·광역교육과정·중핵교육과정 등으로 분류할 수 있다. 이 양극의 교육과정의 다른 점을 상호 비교해 보면 다음과 같다.

---

4) Thomas Hopkins, *Interaction the Democratic Proccss*, 1941, p.18.

교과교육과정	경험교육과정
① 교과목을 중심으로 한다.	① 학습자를 중심으로 한다.
② 교재의 교수를 중시한다.	② 학습자의 전인적 발달을 중시한다.
③ 자기 자신을 위하여 또는 장래 생활에 대비하기 위하여 지식과 기능의 전달을 강조한다.	③ 자기 생활의 개선을 목표로 하고 그 생활에 활용될 수 있는 경험을 강조한다.
④ 인류의 경험을 간접적으로 받아들인다.	④ 자기의 생활경험을 직접적으로 받아들인다.
⑤ 실제지도에 직접 관계없는 제3자에 의하여 구성되고 통제된다.	⑤ 학생과 교사·학부형·교육행정가, 기타의 많은 사람에 의하여 구성되고 통제된다.
⑥ 모든 학습자가 학습장면에서 동일한 반응을 보이고 또 학습효과도 동일할 것을 기대한다.	⑥ 개개의 학습자가 학습장면에서 다양성 있는 반응을 보이고 획득된 학습결과가 다양성 있기를 기대한다.
⑦ 특수한 교과, 특수한 교수방법의 개선을 강조한다.	⑦ 학습과정의 끊임없는 변화·갱신을 도모하고 진보를 강조한다.
⑧ 교육과정 구성의 원리적인 형태에 의한 교육을 강조한다.	⑧ 사회성 있는 동적·창조적 개성을 형성함에 중점을 둔다.
⑨ 학교에서 가르치는 것을 내용으로 한다.	⑨ 경험의 연속적 발전으로서의 내용을 생각한다.
⑩ 활용가치가 없는 지식의 획득이나 언어주의(verbalism)에 빠지기 쉽다.	⑩ 행함으로써 배운다는 학습 심리의 근본적 진리에 합치한다.

1. 교과교육과정(subject matter curriculum)

교과교육과정이란 전통적인 교육과정으로 지식의 내용을 체계적으로 조직·구성하는 것이다. 동양에서는 신언서판이나 육예, 즉 예·악·사·어·서·수가 중요한 교육내용이 되었으며 서양에서는 칠자유학과(the seven liberal arts: 문법·수사학·논리학·산수·기하·천문학·음악)를 교육의 주요한 내용으로 하였다. 이와 같이 교과교육과정은 문화유산의 지적 체계를 중심으로 하여 각 교과로 분화되어 학생에게 학습되어 왔다. 그렇기 때문에 교과교육과정은 인류 문화의 유산을 논리적·체계적으로 조직하여 이것을 다시 교과로 구분한 것이며, 각 교과는 주로 교과서의 형태로 만들어져 교사의 통제 하에 학습이 진행된다. 이때에 학습은 그 교과선(subject matter line)을 넘어설 수는 없게 되어 있다. 이와 같은 교과교육과정은 오늘날에 이르기까지 널리 채택되어 왔다.

그러나 교과교육과정의 단점은 지나친 지식 편중 교육이어서 학생의 흥미·관심·욕구 그리고 현실생활에 직접적인 도움을 줄 수 없으며 그 교재내용이 학생들의 현재 요구와 필요에서 너무도 거리가 멀기 때문에 능동적이고 적극적인 학습활동을 기대할 수 없다는 것이다. 따라서 계획된 교사의 통제 아래 학습이 진행되기 때문에 지식의 축적 이외의 자주성·사고력·사회성·창조성 등을 육성하는 기회가 적을 뿐만 아니라 인간생활은 연속적이요, 종합적인 경험과 행동으로 되어 있으나 단편적·부분적 지식체계와 현상과는 거리감이 있어서 이러한 제약점을 제거·보강하기 위하여 상관교육과정·광역교육과정·중핵교육과정·경험교육과정 등의 형태로 진전, 발전되기에 이르렀다.

결국 교과교육과정에서는 지식은 기를 수 있어도 행동을 밑받침하는 사고력·창조력 등의 고등정신과정이 함양되기 어렵기 때문에 조화적 인간발달과 심층계발 교육에 저해되는 요소가 큰 문제점이라고 하겠다.

2. 상관교육과정(correlated curriculum)[5]

전통적인 교과 중심의 교육과정은 지나친 분과주의적인 경향이 강하여 병렬과정으로서의 성격을 띠어 학습지도상 분과적이며 단편적인

---

5) 대한교육연합회간, 교육학사전, 1965. pp.81~82.

결합을 초래하게 되었으므로 그 모순과 결함을 시정하기 위하여 교과 간의 상관, 즉 교과서의 연관을 취함으로써 교재의 통일을 기하려는 방법의 하나로 이루어진 것이다. 이것은 교육과정의 유형구분에서 상관교육과정 또는 연관교육과정이라고 하는데 그 구성방법은 공동의 테마(theme) 또는 토픽(topic)에 의해서 각 교과 간의 내용, 즉 교재를 수직적(vertically) 및 수평적(horizontally)으로 관련짓는 것을 의미한다.

이와 같은 교과의 상관에 관한 방법은 다음과 같다.

① 같은 분야의 여러 가지 교과를 하나의 전체로 관련시키는 것, 예를 들면 지리와 역사를 관련시킨다든가, 읽기·쓰기·말하기·문법 등을 관련시키는 것과 같이 유사교과 간의 관련 방식이 있다.

② 하나의 교과를 다른 분야의 교과와 관련시키는 것으로서 예를 들면 국어와 역사와의 관련, 이과와 국어와의 관련 등등과도 같은 이질 교과서의 관련이 있다. 이것은 필요에 따라 얼마든지 관련시킬 수 있는 것으로서 역사학습에 읽기 능력과 결부시켜 관련을 맺는다든가 또는 역사와 미술에서 미술의 사적 발달분야와 관련을 맺어 지도한다든가의 방법이다.

③ 한 교과의 교재를 학교 밖에서의 학생의 생활활동과 관련시키는 것으로서 교과와 생활과의 관련을 시키는 방법이다. 예를 들면, 수학에서 배운 가감승제법과 가정에서 물품구입 시의 관련이라든가, 역사에서 배운 가족제도와 오늘날의 우리의 가족제도를 상관시킨다든가 등등의 방법이다.

그러나 상관이란 일반적으로 소수의 교과에 한정되는 것이므로 교재의 통일에 대한 노력은 교과의 상관에서 융합(fusion)으로 발전하고 있다.

여기에서 상관과 융합은 흔히 혼동하기 쉬운 경향이 있는데 융합은 고도한 상관이 이루어진 것이다. 즉, 낡은 각 교과의 교재를 새로운 통일의 중심에 의해서 재평가하는 것이다. 따라서 새로이 통일된 교재가 이미 낡은 교과의 선을 제거하는 점에 특색이 있다. 예를 들면 역사·지리 및 공민의 사회과로서 통일된 경우 이미 세 과목의 전통적인 교과의 구분은 완전히 상실된다. 그러나 교과의 상관에 있어서는 각 교과의 특색이 없어지는 것이 아니다.

3. 광역교육과정(broad fields curriculum)[6]

상호 밀접히 관련된 교과영역에 있어서 보다 적극적인 통합을 시도하는 교육과정형이다. 광역교육과정에 있어서 상호 밀접히 관련된 몇 개의 교과를 하나의 광역으로 묶어서 취급하는 것이 특징이다. 이를테면 역사·지리·일반사회(공민)를 하나로 묶어서 사회 혹은 사회생활(social studies)로 한다든지, 읽기·작문·말하기를 묶어서 국어 혹은 영어로 Language Arts로 취급하는 것이 그 예들이다.

우리나라에서의 사회생활·자연생활 등의 경우는 소과목을 광역으로 통합은 했으나 그 실제 내용은 소과목 단위로 학습되고 있는 실정이다. 광역교육이란 명칭상의 통합뿐이 아니라 그 내용·조직에 있어서까지도 통합된 대로 지도되어야 한다. 이 광역교육과정에는 단편적·분과적·부분적인 결점을 시정하여 교과를 통합하는 것뿐만이 아니라 생활의 영역을 광역하게 통합해서 만드는 경험형 광역교육과

---

6) *Ibid*, p.78.

정도 있다. 다시 말하면, 교과를 중심으로 한 광역교육과정과 생활을 중심으로 한 광역교육과정이 있다.

4. 중핵교육과정(core curriculum)7)

중핵교육과정, 즉 코어 커리큘럼(core curriculum)이란 뜻을 광의로 해석하면 그 이념은 일찍부터 교육의 이론이나 실제를 통하여 존재하였던 것이다. 예를 들면, 근세에 있어서의 3R's는 당시의 서민 대중을 위한 중심적인 교육내용이라고 생각되었고 또 헤르발트 파의 질러(T. Ziller)에 의해서 제창된 도덕적 교재를 중심으로 하는 중심 통합법도 코어 커리큘럼의 최초의 제안이라고 할 수 있다.

이와 같이 코어(core)란 사물의 핵심을 말함이요, 코어 커리큘럼이란 중심학습(core course)을 가지고 있는 전체 계획을 가리키는 것이다. 이것을 교육과정의 구조 면을 통해서 보면 통합적인 중심과정과 분과적인 종래의 교과에 의해서 형성되는 주변과정이 동심원적으로 결합되어 전체 구조를 가지고 있는 교육과정으로서 구성되어 있다. 그리고 중심과 정의 목표는 교육내용의 중심통합화를 기도함으로써 아동·학생의 인격적인 통일(personal integration)을 기도함과 더불어 현실적인 사회생활에 있어서 제반 문제를 해결하는 것으로 인하여 통일 있는 사회(social integration)를 실현하고 교육내용의 개조를 통하여 사회의 개조에 공헌하려는 점에 있는 것이다. 그리고 교과형 커리큘럼에 속하는 코어 커리큘럼에서는 선택과목에 대한 중심과정, 즉 필

---

7) *Ibid*, pp.760~761.

수과목(common required subjects)을 의미한다. 이것은 상급학교에 있어서의 선택과목(selective subject)에 대하는 것으로서 이와 같은 종류의 코어는 교육사상 일찍이 존재하고 있었다.

그러나 초등학교 아동의 경험이나 활동이 총합적으로 전개되기 위해서는 그들이 실생활에서 직면하는 제반 문제나 관심이 깊은 문제를 중심으로 교육내용이 통합되지 않으면 안 된다. 오늘날 코어(core)라고 하는 것은 일반적으로 후자를 뜻하는 것으로서 이와 같은 의미로서의 코어 커리큘럼은 사회생활에 있어서 야기되는 제반 생활문제를 해결하기 위한 것을 목표로 하는 통합교육과정이라고 해도 좋다.

그러므로 이와 같은 통합적인 중심학습이 전개되면 종래의 분과적이며 병렬적인 교과의 구조방식은 폐기되게 된다. 즉 초등교육에 있어서는 성인의 사회과정을 분석하여 사회기능을 중심으로 해서 교육내용이 구성되고 통일성 있는 활동이라고 볼 수 있는 경험형의 내용이 편성된다. 그리고 중등교육에서도 종래의 교과구조를 재편성해서 통합적인 지식체계에 의한 교과형의 내용구성이 이루어지게 된다. 그리고 이에 대하여 주변과정에서는 기초적이며 체계적인 지식 기능을 학습함과 더불어 개인적 흥미나 필요에 따라 분화된 교재나 활동을 편성하는 것이다.

이와 같이 오늘날에 있어서의 중핵 커리큘럼은 일정한 중심에 의해서 교육내용의 통합을 도모하며 통합된 교육내용에 의해서 개인의 인격적인 통일을 촉구하고 통일적인 인격을 가진 개인에 의해서 구성되는 통일 있는 사회를 실현하려는 것을 학습목표로 하고 있는 것이다. 따라서 그 기본적인 의도는 다소를 불문하고 교육 내용의 중심 통합화, 개인의 인격적인 통일, 사회의 통일이라는 세 가지의 요구에 결부되어 있는 것이다.

5. 경험교육과정8)

학습자의 흥미·목적·필요를 바탕으로 하는 유목적적인 경험을 학생들에게 주기 위하여 계획되고 운영되는 교육과정이다. 따라서 학습 내용이나 활동이나 자료나 교수형태도 전통적인 교사 위주의 일률적 교수활동에서 보는 것과는 전혀 다르다. 학습자의 자발적 참여를 통한 문제의 발견, 과제의 선정·탐색, 비판적이고 과학적인 탐구, 새로운 이해나 자료를 기초로 한 교사와 학생의 공동계획 및 제 계획, 다양한 학급 활동과 교과서의 범위를 훨씬 넘어서는 풍부한 학습자료의 활동 등이 특징이라고 볼 수 있을 것이다. 즉, 경험교육과정의 특징을 보면 다음과 같다.

① 아동의 흥미와 목적이 교육과정을 결정하는 것이고,

② 동시에 공통적 흥미는 공통 학습을 통해서 유도되는 것이며,

③ 동시에 경험교육과정은 사전에 계획될 수 없다는 것이다.

그렇기 때문에 학습활동은 학생과 교사가 협동적으로 계획하여야 하며 여기서는 문제 해결의 과정이 그대로 학습활동이 된다. 그러나 다음과 같은 단점을 지적할 수 있다.9)

첫째, 경험교육과정은 교과교육과정이 국어·수학·사회·과학 등의 교과목을 구성의 기초로 삼고 있는 데 비해, 이야기·놀이·만들기·말하기·알아보기 등이 구성의 기초가 되기 때문에 체계적인 조직이

---

8) *Ibid*, p.46.

9) 안인희·정세화, 교육원리, 재동문화사, 1965, p.51.

불가능하며 교실은 혼탁상태에 빠지기 쉽다.

둘째, 학생의 흥미나 요구의 중심에 대한 과학적인 연구가 불충분함으로써 그것이 교사의 주관적인 판단에 따라 추측되기 때문에 경험교육과정 구성의 기초가 튼튼하지 못하다.

셋째, 경험교육과정은 일상생활의 구체적 경험에 입각해서 학습하려는 초급학년 아동에게는 적당하지만 보다 고차적으로 생활경험을 넘어선 추상적인 일반원리나 일반법칙을 학습하려는 고학년 학생에게는 적당하지 않다.

넷째, 경험교육과정에 있어서는 교사의 학습지도 기술이나 경험이 풍부하지 않으면 실패하기 쉽다. 학생의 흥미와 요구의 영역은 넓고 다양하고 변화가 많기 때문에 교사는 아동심리·학습지도방법·교육열 등이 풍부해야만 학생을 지도할 수 있다.

결국 현 단계에서 볼 때 경험교육과정은 비록 완벽한 것은 아니나 저학년에서는 그 타당성이 높고 고학년으로 올라갈수록 그 타당도가 희박하다고 한다. 모든 교육과정이 다 그렇듯이 경험교육과정도 앞으로 계속 연구·발전하도록 노력하여야 할 것이다.

Chapter

5

생활지도

Ⅰ. 생활지도의 개념

1. 생활지도의 의미

생활지도란 영어의 Guidance를 번역한 말로서 이에 대한 정의는 학자에 따라서 다양하다. 존스(J. A. Jones)는 "Guidance란 아동·학생이 인간생활의 사태에 직면하였을 때 자기 스스로 현명한 선택·적응·이해 등을 할 수 있도록 지도와 조언을 해 주는 것"[1])이라고 말했고, 조지 힐(G. E. Hill)은 "생활지도란 아동·학생들의 선택기술과 과정에서의 성숙 및 발달을 돕고, 특히 교육적이고 직업적인 계획에 대하여 아동·학생을 돕는 것"[2])이라고 했으며 트랙슬러(A. E. Traxler)는 "이상적인 입장에서 볼 때, 생활지도란 학생 각자로 하여금 자기가 가지고 있는 능력·흥미 및 인격적 제 특성을 이해케 하여 이를 최대한으로 발전시켜 나가며 또한 자신의 생활목표와 결부시켜 민주사회의 바람직한 시민으로 원만하고도 성숙한 자기지도의 상태로 도달시키는 것"[3])이라고 하였다.

이러한 학자들의 견해를 종합해 보면 결국 생활지도란 교육의 목적을 구현·달성하기 위한 방법 중의 하나로서 아동·학생이 저마다 독특하게 지니고 있는 발달가능성을 발견하여 이를 최대한으로 개발할 수 있도록 도와서 개인적으로 행복한 삶을 개척하고, 사회적으로는 현명한 선택과 적응, 가치판단과 자기 지도(self guide)를 할 수 있는

---

1) A. J. Jones, *Principles of Guidance*, New York: Harpers, 1953, p.61.
2) George E. Hill, *Management and Improvement of Guidance*, 2d. ed., New Jersey: Prentice Hall, Inc., Englewood Cliffs, 1974, p.11.
3) A. E. Traxler & R. D. North, *Techniques of Guidance*, New York: Harper & Row, 1966, p.3.

바람직한 민주시민으로 성장하도록 지도하는 과정이라고 하겠다. 그리고 생활지도란 각 개인들의 당면한 문제를 해결해 주는 것이 아니라, 아동·학생으로 하여금 스스로 그 문제를 해결하는 과정을 체험시킴으로써 또는 그 문제를 스스로 해결해 보는 기회와 경험, 자기사고와 자기선택을 가짐으로써 자기 스스로 자신의 문제를 해결할 수 있는 능력과 자신감을 갖도록 도와주는 교육적 작용이라고 하겠다.

따라서 생활지도는 학교의 모든 영역과 기능에 밀접히 관련되어 있어야 하며, 학생에 관한 정확한 자료를 수집하고 체계화하여 집단지도와 개인상담 등으로 아동·학생으로 하여금 자기이해와·자기결정 및 자기실현을 이룩할 수 있도록 지속적인 그리고 단계적인 발달과정을 통해서 이루어져야 한다.

2. 생활지도의 목표

생활지도의 궁극적인 목표는 학생으로 하여금 현명한 선택과 자기 스스로 문제를 이해할 수 있는 능력과 새로운 사태에의 적응능력을 길러 줌으로써 자기지도력을 함양하는 데 있다. 생활지도를 통해 달성하고자 하는 일반적인 목표를 요약해 보면 다음과 같다.

① 학생 각자가 자기자신을 정확히 이해하도록 돕는다.

② 학생 각 개인이 자기의 능력·적성·흥미를 발견하여 이를 최대한으로 발전시키도록 돕는다.

③ 학생들로 하여금 당면하는 자신의 문제상태를 정확히 파악하고 자기 스스로의 힘으로 문제를 해결할 수 있도록 돕는다.

④ 급격히 변천하는 복잡한 생활환경 속에서 모든 학생이 현명한

선택과 적응을 할 수 있도록 돕는다.

⑤ 학생들로 하여금 신체적·지적·정서적·사회적인 모든 면에서 안정되고 조화된 삶을 누릴 수 있도록 돕는다.

⑥ 모든 학생이 앞으로의 성장과 생활을 위하여 보다 건전하고 성숙된 적응을 할 수 있는 계속적인 기초를 닦을 수 있도록 돕는다.

⑦ 학생 각 개인이 자기가 소속해 있는 사회를 위해서 자기 나름대로의 독특한 공헌을 할 수 있도록 돕는다.

이와 같이 생활지도의 목표는 학생 각 개인의 자율적 성장을 위하여 그들이 지닌 신체적·지적·정서적·사회적 능력 및 발달을 도와서 복잡한 문화와 사회 안에서 행복한 개인이 되게 하고, 아울러 유능하고 성실한 사회인으로서 적응할 수 있는 기초능력을 육성하는데 있다고 하겠다.

3. 생활지도의 원리

생활지도의 원리는 여러 면에서 고찰할 수 있으나 생활지도를 계획하고 실천하는 데 적용되는 원리를 들면 다음과 같다.[4]

1) 기초의 원리

① 가이던스(guidance)는 학교내외를 통한 계속적 과정이다.

② 개인차를 인정하고 개성을 존중하여 행해져야 한다.

③ 전인(integrated person)으로서의 학생을 상대하여야 한다.

---

4) 김성일, 현대교육원리, 서울: 중앙대출판국, 1970, pp.168~169.

④ 학생을 올바르게 이해하고 구체적인 자료에 기초를 두어야 한다.

⑤ 문제나 부적응아에만 한정하지 말고 모든 학생에게 평등하게 행해져야 한다.

2) 계획(조직)의 원리

① 각 개인이 더 잘 자기지도를 하도록 하여야 한다.

② 각 영역이 종합적으로 이루어져야 한다.

③ 각 학생과 상담할 사람이 명백히 정해지는 것이 좋다.

④ 전문적인 훈련을 받은 사람이 프로그램의 중심이 되어야 한다.

⑤ 주기적 평가가 있어야 한다.

⑥ 프로그램은 개인이나 사회의 필요에 따라 융통성이 있어야 한다.

3) 실천의 원리

① 가이던스는 학교와 가정과 사회의 3자가 협동으로 행해야 한다.

② 가이던스는 어디까지나 동정적이고 건설적으로 행해져야 한다.

③ 가이던스는 치료보다는 예방적 활동을 행해야 한다.

Ⅱ. 생활지도의 영역과 활동

1. 생활지도의 영역

생활지도는 원래 직업지도에서 시작되었으나, 그 후 점차 그 활동 영역이 확대되어 오늘에 있어서의 생활지도는 학생생활의 전 영역을 지도대상으로 하게 되었다.

따라서 이와 같은 생활지도활동의 분류는 사실상 확실한 구획을 짓기 힘들며, 또 일정한 기준하에서 분류된 각종 생활지도활동도 실제 활동내용에 있어서는 복합된 형태로서 나타날 때가 많다.

일반적으로 생활지도의 영역은 학자들의 분류에 따라 약간의 차이는 있으나 다음과 같이 구분해 볼 수 있다.

$$
생활지도 \begin{cases}
교육지도(educational\ guidance) \\
인격지도(personal\ guidance) \\
직업지도(vocational\ guidance) \\
사회성지도(social\ guidance) \\
건강지도(health\ guidance) \\
여가선용지도(guidance\ for\ leisure\ time)
\end{cases}
$$

1) 교육(학습)지도(Educational Guidance)

학생생활 전반에 걸친 학업에 관한 모든 지도를 말한다. 신입생을 위한 오리엔테이션(orientation)을 비롯하여, 각종 조사와 검사의 실시를 통한 각 개인의 지능·적성·흥미 등의 발견, 그리고 각자에 적합한 학과·학습방법·독서지도 등은 물론 학습습관 및 학습방법의 개선, 학업부진아의 지도, 그리고 졸업생에 대한 추수지도(follow-up guidance) 등을 말한다.

2) 인격지도(Personal Guidance)

인격지도란 학생 개인이 하나의 완성된 인간으로서 조화된 발달을 이룩하고 개인적으로 민주사회의 시민으로서 보람과 행복감을 가지고 생을 영위할 수 있도록 지도하는 것이다. 좋은 성격(인격)형성에 장애가 되는 인간의 기본적 욕구불만·우월감·열등감·이기주의·자만심・불안정성 등을 제거하여 줌으로써 원만하고 조화적인 성격으로 발달되도록 지도한다.

3) 직업지도(Vocational Guidance)

학생지도의 원시적 형태로서 개인으로 하여금 장래 직업의 선정・준비・도입을 지도하는 과정을 말한다. 학생의 요구・흥미・능력과 사회의 요구를 잘 이해하고 직업에 관한 정보, 적성의 발견지도, 경험에 대한 준비지도 등을 제공해 주며 각 개인으로 하여금 자기에게 적합한 직업을 선택할 수 있도록 취직 알선, 직업적 훈련 등의 편의를 도모해 주며 취직 후의 추수지도 등을 실시한다.

4) 사회성 지도(Social Guidance)

민주적 사회인으로서 올바른 사회생활을 할 수 있도록 사회생활태도・사회생활기술 등을 체득시켜 국가사회의 공민으로서 적응된 생활을 할 수 있도록 돕는 것으로서 여기서 말하는 사회성지도란 교우관계・이성관계・가족관계 및 기타 사회 및 대인관계에서 생기는 제 문제의 지도 등을 지칭한다.

5) 건강지도(Health Guidance)

건강지도는 학생의 건강이나 신체적 발달에 관하여 적절한 조언과 조력을 해 줌으로써 학생이 신체적으로 건전하게 발달할 수 있도록 지도하는 것이다. 신체적・정신적 건강은 개인행복의 기초가 되는 것이며, 국가・사회의 인적 자원으로서의 그 번영을 위한 기초가 되는 것이다. 따라서 건강에 관한 지식・이론을 이해하고 그 실천의 필요성을 자각하며, 자율적으로 각 개인의 건강을 유지·증진할 수 있도록 지도하며, 나아가서는 공중위생에 대한 지도도 절실히 요구되고 있다.

6) 여가선용지도(Guidance for Leisure-Time)

학교나 사회에서 각자의 여가를 뜻 있게 이용할 수 있도록 레크리에이션 활동을 선택하고, 이러한 활동을 통해서 고상한 취미와 심신의 건전한 발달을 도모하는 지도로서 각 개인의 흥미·요구·능력·성격·환경에 따라서 스포츠·독서·등산·음악·창작·미술, 각종 오락게임·사회봉사활동 등을 지도할 수 있다.

오늘날 많은 청소년이 가정적·사회적으로 가지는 문제는 그들의 여가시간을 좀 더 가치 있는 방향으로 유도하며 고상한 취미·오락 활동 등을 하게 함으로써 해결할 수도 있는 것이다.

2. 생활지도의 활동

학생을 돕기 위해서는 무엇보다도 학생들을 좀 더 정확하고 충분하게 이해하여야 하며, 이를 위해서는 조직적인 생활지도활동을 통해서만이 가능하다.

지도해야 할 학생들의 문제성에 비추어 지도계획과 지도방법을 어떻게 구성할 것이며 또는 어떠한 지도기술을 적용할 것이냐에 따라서 학생지도활동의 방법은 달라질 것이다. 지도방법에 따라 분류하면 ① 학생조사활동(student inventory service), ② 정보활동(information service), ③ 상담활동(counseling service), ④ 정치활동(placement service), ⑤ 추수활동(follow-up service) 등 다섯 가지로 나눌 수 있다.[5]

1) 학생조사활동(Student Inventory Service)

생활지도의 기초적인 단계로서 학생들을 개별적으로 이해하는 데 필요한 기초적인 자료를 조사·수집하는 활동으로 Traxler는 학생조사활동의 범위를 ① 가정환경, ② 출신학교의 성적, ③ 학업적성 또는 지적능력, ④ 신체 및 정신건강, ⑤ 교외생활, ⑥ 학습 및 직업흥미, ⑦ 특수능력, ⑧ 성격, ⑨ 미래계획 등으로 들고 있다.

한편, 학생조사활동이 학생을 보다 과학적이며, 정확하게 이해하는 데 도움을 주고, 문제해결을 위해서 고려해야 할 점을 다음과 같이 보고 있다.

① 학생조사활동은 객관적이고 신뢰도가 높은 조사가 되어야 한다.

② 학생조사활동은 생활지도의 목적에 합당한 것이어야 한다.

③ 학생조사활동은 여러 가지 가능한 방법이나 기술을 종합적으로 활용해야 한다.

④ 학생조사활동은 조사결과를 기록·정리·보관하여 실제지도에 유용하게 활용될 수 있도록 해야 한다.

2) 정보활동(Information Service)

학생들을 둘러싸고 있는 여러 가지 환경과 문제해결에 관련된 정보 및 자료를 학생들에게 제공하여 그들의 개인적 성장과 사회적 적응을 돕기 위한 활동이다. 이는 학생들로 하여금 그들의 제 문제를 해결하는 데 필요한 기본지식을 갖게 하고, 자기 자신의 문제를 스스로 자율적으로 처리할 책임성을 기르며 나아가 자기발달을 촉진하고

---

5) 김종서 외, 교육학개론, 서울: 교육과학사, 1984, pp.308~311에서 발췌인용 가필.

그 장애요인을 탐색하고 인식하도록 돕기 위한 것이다.

학생들에게 제공되는 정보는 크게 교육정보, 직업정보, 개인적·사회적 정보 등으로 이러한 정보는 학교 자체에서 조사하거나 각종 인쇄물을 통하여 수집·정리·보관하며 개인상담이나 집단활동을 통하여 제공하게 된다. 그러나 정보제공활동은 그 자체가 교육적 과정이라는 사실을 유념하여 학생들의 성취도나 요구 및 흥미에 맞추어 교육적으로 제공되어야 할 것이다.

3) 상담활동(Counseling Service)

상담활동이란 생활지도의 중핵적인 활동으로 상담자(counselee)와 피상담자(counselor) 간의 관계에서 상담면접의 기술을 통하여 학생들의 자율성과 문제해결력을 생성시키는 동시에 학생들의 적절한 감정처리를 위하여 조력함으로써 정신건강을 향상시키고 적응을 돕는 활동이다.

이러한 상담과정에 있어서 지녀야 할 기본적 원리는 다음과 같다.

① 상담자와 피상담자(내담자)와의 협력적인 관계가 설정된다. 즉 상담자와 피상담자는 공통의 목표와 목적을 설정하게 되므로 양자의 관계는 상호협력적인 것이 된다.

② 현실생활장면에 대한 내담자(학생)의 견해를 구명하기 위한 탐색이 이루어진다. 즉 상담자가 내담자(피상담자)의 당면한 문제를 검토하는 것이다.

③ 상담자의 해석은 목표에 강조점을 둔다. 해석은 내담자 자신의 감정뿐만 아니라 이들 감정의 내재된 목적에 비추어 검토되고 개인의 목적, 의도 및 사사의 논리가 지적된다.

④ 내담자로 하여금 자신의 그릇된 개념을 방기하고, 보다 정확한 개념을 믿게 되는 재방향설정(reorientation)의 단계가 일어나게 된다.

4) 정치활동(Placement Service)

정치활동이란 학생의 능력에 맞는 환경에 위치시키는 활동으로서 직장의 선택, 특별활동이나 home room 또는 클럽 활동의 부서배치, 상급학교나 특정한 학교에 입학하는 등의 단계로 옮겨 가는 데 적성에 맞도록 조력을 하는 활동이다. 이와 같은 정치활동은 학교・학과 선택이나 선택과목이나 특별활동반의 선택 같은 교육적 정치(educational placement)와 직장의 알선이나 직업선택과 진로선택・부직알선 같은 직업적 정치(vocational placement) 활동으로 대별된다.

이와 같은 교육 및 직업정치활동을 효과적으로 수행하기 위해서는 상담자만이 아니라 전교 직원이 분담하거나 가능하다면 지역사회인사와 상호 제휴 협력하여 보다 조직적이고 종합적인 계획을 수립・실천하는 것이 효과적이다.

5) 추수활동(Follow-Up Service)

추수활동이란 지도를 받은 학생들의 추후의 적응상태를 항상 보살피며, 부적응에 대한 조력과 보다 나은 적응을 돕는 활동이다. 추수활동은 면밀한 생활지도계획의 일환으로서 이루어지는 것도 있으나 우발적으로 제공되는 경우도 있다.

면밀한 계획하에서 이루어지는 추수활동이라 함은 사례연구의 대상이 되었거나 집중적으로 교정적인 도움을 받았던 학생에 관한 추수지도활동과 학교의 전체적인 평가 프로그램에 의해 학생들이 가지는 여러 가지 선택과정이 학생들의 건전한 성장에 어떻게 영향을 주고 있는가에 대한 선택활동의 적정성을 알아보는 경우를 말한다.

이러한 추수활동은 재학생·퇴학생·졸업생 들을 더 효과적으로 지도할 수 있는 시사를 얻을 수 있을 뿐만 아니라 그 학교의 전체 생활지도 계획 및 지도방법을 반성하고 개선하는 데 유용한 가치 있는 정보를 얻는다는 데 중요한 의의가 있다.

III. 생활지도의 방법

생활지도의 방법은 학생들을 이해하는 면과 지도하는 면 두 가지로 크게 구분할 수 있다.

1. 학생이해의 방법

학생지도에 있어서 중요한 일은 먼저 학생을 이해해야 하는 것이며, 학생들을 잘 이해하기 위해서는 그들의 요구·흥미·문제·성장가능성·생활환경 등의 일반적인 특징을 잘 알고 있어야 할 것이다. 학생들을 이해하는 방법으로서는 크게 표준화검사(검사법)에 의한 방법과 임상적 방법으로 대별할 수 있다.

1) 표준화검사에 의한 방법

오늘날 학생지도의 과학화와 객관화가 요청되는 이때, 제반 측정 및 검사활동은 학생의 이해를 위한 중요한 활동으로 인정되고 있다.

표준화검사는 인간행동의 표본(sample)을 객관적으로 측정하는 심리학적 검사를 말하는 것으로서 각종 측정 및 검사활동에 포함시킬 수 있는 영역을 들면 다음과 같은 것이 있다.

① 지능검사(지능 또는 학습능력을 측정하기 위한 검사)

② 학업성취검사(학생의 각 교과에 있어서의 성적을 측정하기 위한 검사)

③ 적성·흥미검사(학생의 흥미와 적성을 측정하기 위한 검사)

④ 인성검사(학생의 인성 또는 적응상태를 측정하기 위한 검사)

2) 임상적 방법

표준화검사가 객관적인 척도라면 임상적 방법은 어디까지나 주관적인 척도이다. 임상적 방법에는 관찰·면접·사례연구·투사법·사회측정법 등이 있다.

(1) 관찰

관찰은 학생들의 행동을 이해함에 있어서 비교적 편리하고 용이하게 자료를 얻을 수 있는 방법으로서 생활지도의 중요한 절차로 삼고 있다. 관찰에는 세 가지 주된 방법이 있는데, 그것은 다음과 같다.

첫째, 비형식적 관찰(자연적 관찰)로 이것은 비교적 자연스러운 상태에서 어떤 형식적 규제가 없이 학생들의 행동을 관찰하는 방법이다.

둘째, 집중적(정시적) 관찰로 이것은 일정한 계획을 세우고 집중적으로 정해진 시간 동안 세밀히 학생의 행동을 관찰하는 방법이다.

셋째, 일화기록법으로 이것은 개인의 평상시의 행동을 눈에 띄는 대로 관찰·기록하는 방법인데 개인에 관계되는 이야기를 비교적 상세하게 기록하여 모아 두는 것이다.

(2) 면접

면접은 학생의 지도를 위하여 학생 개개인을 상대로 하여 관찰하고 이야기를 듣고 질문하고 말해 주고 하는 활동을 통하여 제 정보를 수집하고 제공하는 동시에 그들이 가지는 문제를 분석·진단하고 그들에게 필요한 지도도 해 주고 있다. 따라서 면접은 상대방으로부터 어떤 자료나 정보를 얻기 위한 진단의 기능과 면접과정 중에 문제해결에 도움을 주는 치료적 가치를 지닌 양면이 있다.

(3) 사례연구(Case Study)

어떤 문제나 부적응에 빠진 개인에게 해결을 주기 위하여 그 개인에 관한 필요한 여러 자료를 수집·분석·종합·해석하여 서로 작용하는 여러 요인의 상호관계를 명백히 하는 연구로서 원래 이 사례연구는 병원에서 의사가 환자의 치료를 위한 임상적 방법에서 시작된 것이다.

사례연구의 목적은 곤란이나 부적응의 본질 및 원인을 발견하여 그것을 제거하기 위한 처리방법을 세우고, 실행함에 필요한 중요한 항목을 연구하고, 그에 대한 자료를 수집하고 조직하여 치료방법을 연구하는 수단을 발견하는 데 있다.

(4) 투사법(Project Method)

사람의 내부에 품고 있는 요구·소원·공포 등을 탐지하는 심리적 진단법의 총칭으로 투사적 방법이란 "개인적인 욕구나 그 외 독특한 지각·해석 등이 밖으로 나타날 수 있는 자극을 피험자에게 제시함으로써 성격을 측정하는 방법"이라고 할 수 있다.

투사법의 유형으로서는 시각적 자극을 사용하는 방법으로 로르샤흐 검사(Rorschach blot Test), 주제통각검사(Thematic Apperception Test: T.A.T.) 존디 검사(Szondi Test), 로젠츠바이크(Rosenzweig)의 그림좌절검사(Picture Frustration Test) 등이 있으나, 로르샤흐 검사와 T.A.T.가 가장 유명하다. 그리고 언어를 자극으로 사용하는 방법으로는 단어연상검사(Word Association Test), 문장완성검사(Sentence Completion Test) 등이 있다.

(5) 사회측정법(Sociometry)

모레노(J. L. Moreno)에 의하여 고안된 것으로 일명 교우관계조사법이라고도 한다. 집단 내의 성원들 간의 호의·혐오·무관심 등의 관계를 조사하여 집단 자체의 역동적 구조나 발전상태를 알아 평가하는 방법이다. 그리하여 사회측정법은 학생조사활동에서 많이 사용되며, 이들의 대인관계를 알아보기 위하여 질문지를 만들어 학생들의 반응을 받고 그 반응의 결과를 처리하여 학생집단 내의 대인관계를 도표화한 것을 교우관계도(sociogram)라고 부르고 있다.

2. 학생지도의 방법

학생지도의 방법으로서는 개별지도와 집단지도 두 가지 형태가 있다. 이 양자는 어디까지나 개인의 계획·행동·적응 등을 도와주는 목적을 가진 수단으로서 바람직한 생활지도는 개인지도와 집단지도의 어느 하나에만 의존하는 것이 아니고 이 양자를 서로 현명하게 상보적으로 사용하는 데에 있다고 하겠다.

1) 개별지도(Individual Guidance)

개별지도라 함은 일반적으로 개인적 상담을 말하는 것으로 생활지도에 있어 가장 중추적 역할을 하고 있다.

상담이란 개인지도를 하는 카운슬러(counselor)와 지도를 받는 학생(counselee)의 두 사람 사이에 행해지는 극히 개별적인 지도과정으로, 즉 전문가로서의 뛰어난 훈련과 풍부한 경험을 가진 카운슬러가 피상담자로 하여금 자기의 문제를 스스로 해결할 수 있도록 암시하고 지도·조언하는 기능을 수행하는 것이다.

따라서 개별(개인)지도에 임한 카운슬러나 교사는 피지도자에 대한 올바른 이해와 객관적·과학적인 견지에서 전문적인 지도기술을 가지고 지도에 임해야 할 것이다.

상담의 방법으로서는 지시적 상담, 비지시적 상담, 절충적 상담 세 가지로 나눌 수 있는데 그 내용을 살펴보면 다음과 같다.

(1) 지시적 상담(Directive Counseling)

특성이론에 근거한 것으로 지시적 상담이란 일반적으로 의학과 비슷한 방법인 진단과 치료의 과정을 사용하는 임상적 상담(clinical counseling)이라고 불리는데 이것은 상담자(counselor)가 피상담자(counselee)에게 인생의 문제에 대한 해석을 내려 주고, 정보를 제공하고 또는 제언이나 충고를 하여 해결의 방안을 주는 방법이라고 하겠다. 이 방법은 원래 미국의 윌리엄슨(F. G. Williamson)과 달리(J. G. Darley)를 중심으로

1939년부터 발달된 것이나, 오늘에도 비지시적 상담이 아닌 모든 방법을 총체적으로 말하는 수가 많다. 그들이 제시한 상담과정의 6단계는 다음과 같다.

① 분석(analysis): 학생을 이해하는 데 필요한 자료를 여러 가지 도구와 기술로 수집한다.

② 종합(synthesis): 수집된 자료를 체계 있게 정리하고 조직하여 학생의 적응에 관한 여러 가지 면이 잘 나타나도록 한다.

③ 진단(diagnosis): 학생 문제의 특징이나 원인에 관한 결론을 이끌어 낸다.

④ 예진(prognosis): 학생의 문제가 앞으로 어떻게 발전해 나갈 것인가를 미리 예언한다.

⑤ 상담(counseling): 적응 또는 문제의 해결을 위하여 취하는 수단이다.

⑥ 추수활동(follow-up service): 상담결과의 계속적인 확인·평가의 단계로서 상담의 효과를 평가하는 문제에 대하여 계속적으로 조언한다. 이러한 단계는 경우에 따라 순서가 바뀔 수도 있는 것이다.

상담의 기술로는 다음 다섯 가지를 들 수 있다.

① 강제로 환경에 순응시킬 것

② 환경을 변경시킬 것

③ 적당한 환경을 선택시킬 것

④ 필요한 기술을 습득시킬 것

⑤ 태도를 변경시킬 것 등이다.

(2) 비지시적 상담(Non-Directive Counseling)

비지시적 상담은 자아논리에 근거한 것으로 1940년 Rogers의 「새로운 정신치료」란 논문 발표에서 시작하여 1942년 그가 『상담과 정신치료법(counseling and psychotherapy)』이란 책을 내놓으면서 체계화되었다.

이 상담은 인간의 자신 속에 성장하는 힘과 자기적응의 힘이 잠재한다는 가설 아래, 학생이 주동적으로 학생의 자유로운 표현을 그대로 받아들이고 상담자는 특수한 경우를 제외하고는 일체의 진단을 가하지 않으며 또 해석이나 해결의 방법을 강요하지 않으면서, 어디까지나 학생의 자연적인 힘의 발동을 돕는 것을 주로 하는 학생중심의 상담방법이라 하겠다.

이 방법은 로저스(C. R. Rogers)가 종래의 임상적 상담방법을 비민주적 또는 지시적 방법이라고 반대하고, Freud의 정신분석학, Rank의 의지치료법, 미국의 행동주의 심리학, Gestalt 심리학 등을 기초로 하여 1940년에 발표한 환자중심의 방법(client-center therapy)이다.

Synder가 들고 있는 이 상담방법의 기본가설을 보면 다음과 같다.

① 개인은 자신 속에 성장하는 힘을 가지고 있기 때문에 자기환경에 적응할 수 있다.

② 비지시적 상담은 적응의 지성적인 면보다도 정서적인 면을 대단히 강조한다.

③ 개인의 과거보다 현재의 장면을 더욱 중요시한다.

④ 치료 그 자체가 성장의 경험을 뜻하는 것이다.

(3) 절충적 상담(Eclectic Counseling)

존스(E. S. Jones)에 의하여 주장된 것으로서 지시적 상담과 비지시적 상담의 장단점을 절충한 방법이다.

① 학생의 과거 활동과 동기를 심층심리학적으로 이해하려면 비지
시적인 방법을 사용하여야 한다.

② 어떤 부적응을 치료하는 데 있어서 그 치료대책을 계획하고 실천
함에는 상당한 정도로 지시적 방법을 사용하여야 한다는 입장이다.

2) 집단지도(Group Guidance)

집단지도란 두 명 이상의 인원을 대상으로 실시하는 집단적인 생
활지도의 형태로서 이는 집단활동이 가지는 역동적인 관계를 이용하
여 개인의 문제해결이나 적응지도의 효과를 거두고자 하는 데 그 목
적이 있는 것이다.

(1) 집단지도의 목표[6]

집단지도의 목표를 Kitch와 McCreary는 다음과 같이 들고 있다.

① 학생의 공통문제를 발견하는 데 사용한다.

② 적응성의 문제를 해결하는 데 유효한 자료를 제공한다.

③ 공통문제에 관하여 집단사고를 할 수 있는 기회를 부여한다.

④ 자기이해를 촉진시키는 기회를 마련한다.

⑤ 개별적 상담의 기초를 닦는다.

(2) 집단지도의 효과 및 가치

집단지도의 효과와 가치로는 다음을 들 수 있다.

---

6) 김성일. 전게서. p.179.

① 집단활동을 통하여 학생 개인은 문제의 공통의식을 가지므로 문제에 대한 안이감과 자신감·자극·용기를 가지게 된다.
② 공통적인 문제를 공동으로 생각하고, 해결하는 방법을 배운다.
③ 문제를 객관적으로 고찰할 기회를 가진다.
④ 예기하지 못했던 계속적인 문제점이나 결과를 발견할 기회를 가진다.
⑤ 타인 앞에서 자기의견을 발표할 기회와 경험을 가진다.
⑥ 사회적 훈련, 특히 좋은 대인관계의 기술을 가진다.
⑦ 집단활동을 통하여 민주적·공민적 자질을 발전시킬 기회와 경험을 가진다.

학습지도

Ⅰ. 학습지도의 기초개념

1. 학습의 개념

학습(learning)에 대한 정의는 학자와 학파들의 견해에 따라 다양하게 내려지고 있다. 그러나 일반적인 의미에서의 학습은 유기체에 있어서의 행동의 어떤 변화를 의미한다.

Cronbach는 "학습이란 경험의 결과로 행동에 어떤 변화가 일어나는 것"[1]이라 하였고, Hilgard는 "학습이란 연습이나 훈련의 결과로서 일어나는 비교적 영속적인 행동의 변화"[2]라고 하였다.

그러나 개체의 성장과정에서 일어나는 모든 변화를 전부 학습이라고 하기에는 곤란하다. 우리들 인간이 갖는 행동변화는 바라는 대로 좋은 것만은 아니고, 경우에 따라서는 바람직하지 못한, 그리고 퇴보적이며 무가치한 경험도 하게 되고 또한 자연적 성장에서 오는 변화도 있을 수 있다. 따라서 인간행동의 변화를 다음과 같이 유별하고 학습으로서의 행동의 변화를 구분하여야 한다.

첫째, 바람직하지 않은 변화이다. 지금까지 없던 도둑질이나 거짓말을 한다든지 싸움질이나 하는 행동은 가치적으로 볼 때 그것은 결코 바람직하지 않은 변화이다. 따라서 우리가 학습이라고 할 때는 '바람직한 그리고 발전적이고 진보적인 변화'만을 학습으로서의 행동변화의 범주 속에 포함시킨다.

둘째, 일시적인 변화이다. 우리의 행동에는 환경의 영향으로 일시

---

1) L. J. Cronbach, *Educational Psychology*, Prentice Hall, 1958, p.199.
2) E. R. Hilgard, *Introduction to Psychology*, 4th ed., N.Y., Harcourt Brace and World Inc., 1967, p.270.

적으로 일어나는 변화가 있다. 질병·약물·피로 등에 의해서 일어나는 일시적인 변화는 영속적인 것이 되지 못하며 약물의 효과나 피로의 영향이 없어지면 원상태로 되돌아가기 때문에 이러한 일시적인 변화는 학습의 결과라고 보지 않는다. 따라서 학습이란 비교적 영속적인 변화만을 문제 삼는다.

셋째는, 신경계통의 발달 또는 성숙에 의해서 일어나는 변화이다. 우리의 행동에는 학습에 의하지 아니하고 시간의 경과에 따라 일어나는 경우가 있다. 즉, 훈련이나 연습 같은 특별한 자극조건 없이 말하자면 '배우지 않은' 데에도 시간의 경과에 따라 저절로 행동의 변화가 일어나는 것이다. 그러므로 성숙에 의해서 일어나는 행동의 변화는 누구에게나 일정한 발달단계에 이르면 모두 나타나기 때문에 학습의 범주에서 제외하고, 학습으로서의 행동의 변화와는 구분되어야 한다.

넷째, 학습은 후천적 행동의 변화이다.

학습으로서의 행동의 변화는 후천적인 어떤 조건에 의해서 성취되는 것이다. 그러나 학습을 하는 데 있어서 필요한 잠재적 능력은 선천적으로 주어져 있다는 전제하에서 출발해야 한다. 선천적 능력은 어디까지나 가능성일 뿐, 일정한 학습으로 구현되기 위해서는 개인이 환경과의 상호작용을 하는 과정에서 얻어지는 후천적 경험이 있어야 한다. 이러한 의미에서 학습은 후천적으로 경험을 통하여 이루어지는 것이라고 볼 수 있다.[3]

이상에서 기술한 내용을 종합·정리하여 요약하면 학습이란 유기

---

3) 이용걸, 학습의 기초, 신교육학전서 7, 서울: 배영사, 1971, pp.17~19에서 인용가필.

체(개체)가 환경과 상호작용하는 과정에서 일어나는 비교적 바람직하고 진보적이며 영속적인 행동의 변화라고 할 수 있다. 즉, 어떤 개체가 새로운 환경의 사태에 적응할 수 있는 행동의 변화인 것이다.

이와 같이 학습의 개념을 행동의 변화라고 보는 행동주의 심리학파의 견해를 살펴보았다. 이 밖에도 학습에 대한 정의는 각 학파에 따라 그 배경을 달리하고 있다.

2. 교수(Instruction)와 학습지도

교육은 가르치고 배울 교재를 중심으로 한 교육자와 피교육자와의 상호작용이거니와, 이때 교육활동의 중점을 어디에다 두느냐에 따라서 방법과 양상이 달라진다. 즉 가르치는 교사에게 중점을 두는 교사중심의 교수과정과 배우는 학생에게 중점을 두는 이른바 학생중심으로서의 학습과정이 바로 그것이다. 그러므로 교육방법의 수단으로서 '교수'냐 '학습지도'냐의 문제는 근본적으로 교육관의 차이에 있는 것이다.

본래 학습지도는 교수(instruction)라는 말로 쓰여 일반적으로 지적 방면에서의 교육활동을 의미했다. 그리하여 과거 전통적인 교사중심주의 교육에 있어서의 '교수'라는 개념에는 피교육자의 자발적인 학습의 경향을 무시하고 외부에서 주입하는 면을 강조하여 훈련과 비슷한 개념으로 부분적인 지식의 전달에 한정하려는 경향이 있었던 것이다. 즉 '교수'는 전통적인 교육관, 주지주의 교육에 입각하여 교육을 문화재의 전달로 보고 교사가 효과적인 방법으로 학습자에게 문화재로서의 교재내용을 익히고 습득하게 하는 방법을 의미하고 있다. 따라서 교수란 아동·학생을 피동적인 위치에 두고, 교사에 의해서 계획된 목적과 방침에 따라 일방적으로 가르치는 타율적인 교육방법이다.

이에 반하여 '학습지도'는 근대적인 교육관(미국의 진보주의 교육관), 아동중심주의 교육관에 입각하여 학생이 중심이 되어 아동·학생으로 하여금 자발적인 학습을 하도록 옆에서 지도·촉진해 주는 것을 의미한다. 즉, 학습지도는 아동·학생 들 스스로가 교육목표에서 요구하는 내용을 효과적으로 달성할 수 있도록 자극하고 도와주는 교사의 지도과정을 의미하는 것이다. 따라서 교육의 초점도 '가르치는 편'에서 '가르쳐 주는, 지도해 주는 편'으로 변하게 된 것이다.

이와 같이 교수와 학습지도는 엄격히 구별할 수는 없으나 다음과 같은 차이가 있다고 볼 수 있다.

① '교수'는 교사가 중심이 되어 지식을 주입·전달하는 것으로 학생은 이것을 수동적으로 받아들여 기억하는 데 있으므로 지적 능력이나 정서발달에는 별로 도움이 되지 않는다.

② '학습지도'는 교육목적을 달성하기 위하여 학생이 중심이 되고, 교사는 지도·촉진의 역할을 한다. 따라서 교수는 전통적인 방법이고, 학습지도는 현대적인 방법으로 해석된다.

그러나 현대에 와서는 교사가 가르치기 위한 활동(teaching)과 학생이 배우기 위한 활동(learning)이 상호 작용하는 과정이 중시되어 '교수·학습과정관'(teaching-learning process)이 발달하였다.

Ⅱ. 학습지도의 원리

학습지도의 원리는 바람직한 학습활동을 효과적으로 전개하기 위한 방법적 기준으로서 학습에 있어 효율적인 성과를 얻기 위해서 교사는 학습지도에 필요한 제 원리를 염두에 두고 학생들을 지도해 나가야 할 것이다. 학습지도의 원리는 학파와 논자에 따라 다양하게 논의되고 있으나 여기서는 학습활동을 지도하는 데 있어 일반적인 원리 몇 가지만을 설명한다.

1. 자발성의 원리(자기활동의 원리)

자발성의 원리란 학습자 자신이 스스로 자발적으로 학습에 참여하여 학습지도를 추진해 나가야 한다는 원리이다. 자발성이란 인간내부로부터 솟아 나오는 흥미·욕구·충동성 등을 말하는데 교사는 이 자발성을 어떻게 발휘할 수 있게 하느냐가 중요한 임무이다. 따라서 교사는 학습자가 외부의 어떤 압력이나 외부적 가치 때문에 학습하는 것이 아니라, 학습자 스스로 자신이 가지고 있는 본래의 소질이나 특성을 발견하여 이를 최대한으로 발달할 수 있도록 이끌어야 한다.

이 원리는 특히 독일의 노작교육과 미국의 진보주의교육 등에서 중요시되었으며 이 가운데서도 듀이의 '행함으로써 배운다(learning by doing)'는 사상은 이 원리의 기초가 되고 있다. 이 밖에도 구안법, 문제해결법, Program 학습 등은 이와 같은 원리를 적용한 것이다.

2. 개별화의 원리

개별화의 원리란 학습자가 지니고 있는 요구와 능력 등에 알맞은 학습 활동의 기회를 마련해 주어야 한다는 원리다. 인간이란 근본적으로 개인차가 있어서 동등하게 취급할 수 없는 것이므로 학습지도의 방법은 각자의 학습능력·소질·환경 등 이미 쌓아 온 경험 등에 비추어 또는 학습자의 학습에 대한 요구수준에 따라 그 정도에 적합한 지도방법을 모색해야 할 것이다. 왜냐하면 학습자들은 동등한 잠재력을 가지고 있다 할지라도 어떤 사물에 대하여 각자 이해하는 정도가 다르며 학습능력도 모두 다르기 때문이다. 그러므로 학습자의 개인차를 중시하고 각 개인이 가지고 있는 특징과 가능성을 최대한으로 신장시켜서 학습의 효과를 높이고 성공적으로 이끌어 가기 위해서는 언제나 이 원리를 고려해야 할 것이다. 이러한 원리를 적용한 대표적인 시도는 파크허스트(H. Parkhurst)가 창안한 Dalton Plan, 워시번(C. W. Washburne)의 Winnetka System 등에서 찾아볼 수 있다.

1) 달톤 플랜(Dalton Plan)[4]

달톤 플랜(Dalton Plan)은 1919년 파크허스트(H. Parkhurst)에 의하여 미국 Massachusetts 주의 Dalton 시에서 시행된 특수한 교육과정조직 및 학습활동의 방안으로 이 안은 자유와 협동을 기본원리로 하여 개인차에 알맞은 교육과정의 조직 및 학습활동의 전개를 목표로 하고 있다.

---

4) 서울사대교육연구소 편, 교육학용어사전, 서울: 배영사, 1981, pp.151~152.

학과는 이론적(academic)인 것과 실제적(practical)인 것으로 구분되며 각 학생에게는 '계약된 작업(contract job)'이라고 하는 과제가 1개월에 하나씩 주어지는데 이 과제는 약 20개의 단원(unit)으로 되어 있으며, 과제해결에 필요한 학습지침서(instructional sheets)도 있다. 학생은 각자의 능력에 따라 개별적으로 과제를 해결하며 과제해결의 정도를 진도표에 기입하도록 되어 있다. 교사는 학생과의 면담을 통하여 학습진도를 조절하고 필요한 부분의 내용에 대한 평가를 한다. 또 이 Plan은 종래의 학년제의 교실 대신에 학과마다 실험실(laboratory)을 설치하여 학생들이 자유롭게 학습계획을 세우고 이 계획에 따라 학습을 진행시켜 나간다. 그러나 1개월 안에 끝마쳐야 할 일(job)을 끝마치기 전에는 다음 달의 일을 못 하도록 하여 일을 완성함에 있어서 협동 및 집단작업이 특히 권장되고 있다.

2) 위네트카 시스템(Winnetka System)

1919년 미국 Chicago의 교외인 'Winnetka' 지방의 교육장으로 있던 워시번(C. W. Washburne)이 학생의 개인차에 따라 개별지도를 시도하여 창안해 낸 교육의 개별화를 위한 교수체제의 일종으로서 이를 위네트카 시스템(Winnetka System)이라고 한다. 이 체제는 모든 교과를 공통기본과목과 집단적 창조활동의 두 영역으로 나누어, 공통기본과목은 특별히 고안된 교과서에 의하여 개별학생의 능력에 따라 자율학습을 하여 개별적인 진도를 평가하고 새로운 과제가 주어져 그 진도를 진척시킬 수가 있다.

한편 집단적 창조활동은 주로 자기표현활동으로 학급 전체의 자유롭고 협동적인 활동으로 이끌어서 집단을 위한 개인의 능력을 신장

시키는 데 공헌하도록 하고 있다. 이것은 교육의 사회화와 개별화를
시도한 것으로 무학년제에 많은 영향을 주었다.

3. 사회화의 원리

학습지도를 사회화한다는 것은 학습의 내용은 물론이거니와 학습
형태를 사회화하여, 학습을 통해서 아동·학생의 사회적 기술이나 태
도에 바람직한 변화를 주자는 것이다. 따라서 사회화의 원리란 학습
내용을 현실사회의 사태와 문제를 기반으로 하여 학교에서 경험한
것과 학교 밖에서 경험한 것을 교류시키고 공동학습을 통해서 협력
적이고 우호적인 학습을 진행시키자는 원리이다.

현대교육은 학습자가 경험한 사실을 구체화하고 적절하게 재구성
함으로써 자기가 속하는 사회에 참가하여 사회적 활동을 할 수 있도
록 지도할 것을 요구하는데 이 지도원리는 요즘 강조되는 학교와 지
역사회와의 교육과도 상통된다고 볼 수 있다. 즉 학교를 지역사회와
결합시키고 학생들이 학교에서 배운 것을 일상생활에서 활용하고, 반
대로 학생들이 일상생활에서 경험한 것을 학교에서 받아들여서 이용
하도록 하자는 것이다.

학습지도에서의 사회화의 원리를 구현하는 데는 다음과 같은 사항
을 유의하여야 한다.[5]

① 학습의 개별화와 사회화의 균형을 생각해야 하며 전인적인 지
　　도의 관점에서 두 원리를 조화시켜 이루어야 한다. 그러나 사회

---

5) 함종규, 학습지도, 서울: 왕문사, 1964, p.90.

화에 중점을 두는 나머지 획일적인 지도가 되어서는 안 된다.

② 학교에서의 지도와 가정에서의 지도 사이의 간격이 벌어져서는 안 된다.

③ 사회화의 원리를 실천함에 있어서 어떠한 학습형태를 취하든지 학생 상호 간의 인간관계를 잘 조정해야 한다.

4. 통합의 원리

학습에 의해서 습득된 지식이 분신적이고 단편적인 지식에 불과하다면 충분한 학습지도의 효과를 거두었다고 볼 수 없는 것이다. 그 지식이 서로 연관되고 통합될 때 효과적으로 활용될 것이며 보람 있는 학습지도가 되는 것이다.

따라서 통합의 원리란 학습을 종합적인 전체로서 지도하자는 원리로서, 즉 학습은 부분적·분과적으로 이루어지는 것이 아니고 지적·정의적·기능적 분야의 종합적인 전체에서 이루어져야 한다는 것이다. 단원학습법이라든가, 교육과정에서 특별활동의 비중을 교과활동과 같이 둔 것은 모두 이 원리에 기반을 둔 것이라고 할 수 있다.

그런데 학습지도에 있어서 통합의 요구는 다음 두 가지로 나누어 생각할 수 있다.[6]

첫째, 초등학교 저학년에서의 학습교재의 통합이다. 저학년인 경우 국어와 체육, 산수와 음악 등을 구별하여 지도하는 것보다 동시에 이루어지는 학습이 전개됨으로써 지식을 배우기 이전에 종합적 생활을

---

6) 박상호, 학습지도, 서울: 학문사, 1981, p.103.

습득하게 하는 것이다.

둘째, 인격의 통합을 들 수 있다. 다각적인 경험을 시키는 과정에서 타인을 위하고 자기의 의견을 정확히 표현하여 협동적인 태도를 육성시킴으로써 전인적인 인격을 쌓을 수 있는 것이다. 결국 학습지도에서의 통합의 원리를 구현하기 위해서는 교과 및 교재를 통합하고 학습지도를 종합적으로 실시하며 생활지도를 효과적으로 실시하여 전인적인 인간발달을 교육의 궁극적인 목표로 삼아야 할 것이다.

5. 직관의 원리

어떤 사물에 대한 개념을 인식시키는 데 있어서 언어로써 설명하느니보다는 구체적인 사물을 직접 제시하거나 경험시킴으로써 효과를 볼 수 있다는 원리로서 이 직관교육은 근대 교수이론의 원조라고 볼 수 있는 코메니우스(J. A. Comenius)의 교수론에서 대두된 것이다.

오늘날 시청각교육이 강조되고 있는 것도 바로 이 원리에 근거를 둔 것이라 할 수 있으며, 기구를 통한 정보의 전달 등 매스 커뮤니케이션(mass communication)의 원리도 직관교육에서부터 시작되었다고 볼 수 있는 것이다. 그러나 직관교육이 현실적인 여건으로 보아 완전하게 이루어지기는 어려운 실정이기 때문에 사진·도표·그림·표본·Slide 등 여러 가지 시청각교구로 대리경험을 시켜 직관교육을 시키거나, 가능한 한 현장학습을 실시하는 것 등 교사들은 항상 시청각의 원리와 방법을 연구하며 실제교육에 활용하도록 노력해야 할 것이다.

6. 목적의 원리

교육은 목적을 가진 의식적인 활동이며 학습지도는 그 목적을 실현하기 위한 구체적인 방법이다. 따라서 교육이념이나 교육목표는 하나의 추상적인 목적이기 때문에 교사는 이것을 학생의 목적으로 바꾸어 이를 구체적으로 실현하도록 노력해야 한다. 다시 말하면 학생의 발달단계에 따라 적합하게 목적이 표현되어야 하며 이에 따라 학습내용을 학습할 때는 학생 각자가 뚜렷한 목적감을 갖도록 자극을 주고 학습의욕을 유발시키고 흥미를 가질 수 있도록 하는 동기유발이 중요하다는 것이다.[7]

그러므로 학습지도에는 항상 목적이 확립되어 있고, 그 목적에 적합한 계획을 세우고, 다음에 그 계획에 따라서 가장 효과적인 학습방법을 활용하는 동시에 목적이 어느 정도까지 달성되었는가의 효과평가도 행해져야 할 것이다.

Ⅲ. 학습지도의 조건

학습효과에 영향을 주는 조건에는 몇 가지 기초적인 조건이 수반되고 있는데 이를 대별하면 심리적인 내적 조건과 환경적인 외적 조건으로 나눌 수 있다. 그러나 여기서는 학습자의 학습의 효과에 영향을 주는 심리적인 내적 조건 중에서 중요한 것만을 설명하고자 한다.

---

7) 김성일, 교육원리, 서울: 숭의사, 1964, p.114.

1. 준비성(Readiness)

　학습에 있어서의 준비성이란 어떤 학습을 효과적으로 성취하기 위한 조건으로서 학습자의 성숙 정도를 의미한다. 즉 어떤 학습이 효과적으로 이루어질 수 있기 위한 학습자의 준비상태 혹은 정도를 말한다.

　어린이에게 어떤 일을 시킬 경우 그것을 성공적으로 이루게 하려면 다른 여러 가지 조건도 필요하지만, 어린이 자신에게는 그 일을 할 수 있는 일정한 수준에 도달해 있어야 한다는 것이 필요한 조건이다. 즉 발달수준에 도달하지 못한 어린이에게 학습을 시키려면 흥미도 갖지 않고, 하려고 하는 의욕도 갖지 않으며, 시키는 것 자체도 곤란할 뿐 아니라 시킨 일은 실패하고 만다. 그러므로 어떤 학습을 효과적으로 하기 위해서는 그 학습을 하기에 충분한 신체적·정신적·지적·사회적 그리고 정서적 준비가 되어 있어야 하는데 이 성숙되어 있는 정도 또는 상태를 준비성이라고 한다. 따라서 학습의 준비성이란 그 학습을 가장 잘할 수 있는 시기, 즉 '최적의 시기(optimum time)'라고도 부를 수 있는데, 학습에 있어서는 아동·학생의 이러한 알맞은 시기가 언제인가를 파악하여 지도를 하여야만 학습의 효과를 최대로 올릴 수 있는 것이다.

　이러한 준비성의 개념이 학습지도에서 관심을 끌게 된 것은 손다이크(E. L. Thorndike)가 학습의 법칙으로서 준비성의 법칙(law of readiness)을 발표하게 되면서부터이며, 특히 실제적인 기술적 개념으로 주의를 끌게 된 것은 스트레이어(L. C. Strayer), 기젤(A. Gessell) 등에 의하여 효과적인 학습은 어떤 성숙수준에 의존하게 된다는 '성숙제일주의'의 연구 결과가 밝혀지면서부터이다.

준비성을 결정짓는 중요한 요인으로서는 여러 가지가 있겠으나, 그중 일반적으로 지적되고 있는 중요한 요인을 들어 보면 ① 성숙 (maturation), ② 생활연령(chronological age), ③ 정신연령(mental age), ④ 경험(experience), ⑤ 개인차(individual differences) 등을 들 수 있다.[8]

2. 동기유발(Motivation)

유기체의 모든 행동에는 그 행동을 하게 하는 '어떤 원인'이 있다. 그 원인에는 생리적 상태가 원인이 될 수도 있고 심리적 조건이 원인이 될 수도 있으며 사회적인 무엇이 원인이 될 수도 있다. 여기서 어떤 원인에 해당하는 것을 동기라 할 수 있는데 동기(motives)란 유기체 자체 내에서 어떠한 목표를 추구하는 행동을 하게 하는 상태나 태세를 말하며, 동기유발(motivation)은 이와 같은 상태 또는 태세로 되거나 되게 하는 것을 말한다. 그러나 일반적으로 학습에서의 동기유발이란 학습자가 자발적으로 배우려고 하는 의욕을 가지고 적극적·능동적으로 학습활동을 전개하도록 내재적 조건을 형성하여 주는 것을 의미한다. 이와 같이 학습자가 자발적으로 행동을 하고자 하는 동기에는 여러 가지 형태가 있는데, 학습과 관련된 동기로는 흥미·욕구·태도·성향·준비성·충동·유인 등이 포함되며 이러한 동기요소들은 유기체로 히여금 행동을 일으키게 하는 중요한 원인이 된다.

학습에 있어서의 동기가 갖는 기능은 다음과 같다.[9]

첫째, 동기는 행동하게 하며 행동을 방향 지어 주는 역할을 하며

---

8) 안상원 외, 교육원리, 서울: 재동문화사, 1976, pp.118~119.

9) 김성일, 전게서, p.109.

둘째, 동기는 개체의 활동능력을 조정하며, 셋째, 동기는 선택의 기능을 가지는 것이다.

따라서 동기유발의 효과적인 방법은 개체와 장소에 따라서 적당하게 적응되어야 하는데 그 원리적인 것으로 다음의 방법을 들 수 있다.

첫째, 상벌·칭찬 또는 질책에 의한 방법, 둘째, 성공감이나 실패감을 이용하는 방법, 셋째, 협동이나 협조를 이용하는 방법, 넷째, 경쟁심을 이용하는 방법, 다섯째, 학습의 목표나 결과를 알리는 방법, 여섯째, 학습장면의 설정에 의한 방법, 일곱째, 학습형태를 연구하는 방법 등이 있다.

2. 전이(Transfer)

전이란 어떤 내용을 학습한 결과가 다른 내용의 학습에 직접 또는 간접적으로 영향을 미치는 것을 말한다. 이때 선행학습의 결과가 그 다음에 하는 학습(후행학습)에 촉진적·진취적으로 영향을 주는 경우 이를 적극적 전이(positive transfer)라 하고 이와 반대로 선행학습이 후행학습을 방해하거나 학습능률을 감퇴시키는 경우 이를 소극적 전이(negative transfer)라 한다. 예를 들면 덧셈을 학습한 것이 곱셈을 하는 데 도움을 주는 경우라든지, 수학을 잘하면 물리를 쉽게 이해하는 경우 등은 적극적 전이의 경우이고, 반대로 잘못된 영어 단어의 발음을 바르게 교정할 때 곤란을 느낀다든지 외국지명의 표기방법이 바뀌어 새로운 표기방법을 익힐 때 곤란을 느끼는 경우는 소극적 전이의 예이다.

학습지도에서는 언제나 적극적 전이만을 문제 삼는 경우가 많은데,

학습지도의 기술적 문제에 있어서는 소극적 전이도 퍽 중요하게 문제 될 때도 있다.

따라서 학습지도의 성패는 이 두 전이를 유효적절하게 이용하고 활용하는 데서 결정지어진다고 볼 수 있다.

전이를 가능하게 하는 요인 또는 조건에는 다음과 같은 것이 있다.[10]

① 유사성 요인: 선행학습과 후행학습 사이에 서로 비슷하거나 동일한 요소가 있을 때 전이효과가 크다.

② 학습정도 요인: 선행학습이 철저하고 완전할수록 전이효과가 크다.

③ 시간적 간격의 요인: 학습방법에 따라 오랜 시간 뒤에도 영향을 미치는 경우가 있는가 하면 몇 시간 뒤에도 아무 효과를 내지 못하는 학습이 있는데 기억의 방법은 전이효과가 적으며, 고등 정신기능을 기르는 방법은 상당기간에 걸쳐 전이효과가 지속된다.

④ 학습자의 지능의 요인: 학습자의 지능이 높을수록 전이효과가 크다.

⑤ 학습자의 태도요인: 학습자의 태도·준비도 등에 따라 전이의 효과가 다르다.

또한 이상에서 살펴본 전이요인 중에서 어느 것을 강조하고 있느냐에 따라 대체로 다음과 같은 전이학설(이론)로 분류된다.

첫째, Thorndike에 의해서 주장되는 동일요소설(theory of identical elements)

둘째, Judd가 주장하는 일반화설(theory of generalization)

---

10) 안성원 외, 전게서, pp.121~122.

셋째, 게슈탈트(Gestalt) 학파에서 주장하는 형태설(Gestalt theory) 등이 있다.

4. 기억(Memory)[11]

기억이란 광의로는 과거의 행동이나 경험이 현재의 행동이나 경험을 규정하는 것을 말하여, 협의로는 기명·파지·재생·재인 네 단계를 거쳐서 비로소 기억이 이루어진다. 여기에는 먼저 어떤 인상이나 경험이 마음에 새겨져서 기명이 되고 이것이 일정한 기간 파지되어 얼마 후에 다시 의식으로 나타나는 재생이 일어난다. 이것이 '언제', '어디서'의 경험인가를 확인하는 재인을 하게 되는데, 때로는 재생이 되지 않고 재인이 되는 수도 있으며 재인의 정도에도 차이가 있다. 그런데 이러한 과정에 재생이 되지 않으면 그것이 곧 망각이다.

기억의 과정을 좀 더 구체적으로 살펴보면 다음과 같다.

1) 기명

일정한 교재를 외우는 것으로서 기계적 기명과 논리적 기명으로 구별된다. 전자는 재료를 그대로 기억하여 내용의 논리적 관계에는 주의하지 않는 것을 말하며, 후자는 기억하고자 하는 사항을 그 이유나 의미에 따라 종합하고 또 이것을 기유의 체제와 연결시켜 체계를 만들어 기억하는 것을 말한다.

---

11) 김성일, 전게서, pp.111~112.

2) 파지

이전의 경험을 보유하는 것으로 파지된 내용을 기억표상 또는 기억상이라고도 한다.

3) 재생

과거의 경험이 의식으로 재현되는 것으로 무의적 재생을 '회상', 유의적 재생을 '상기'라고 한다.

4) 재인

재생된 내용이나 현실의 경험을 '이전에 경험한 일이 있다'고 느끼어 인정하는 재인의 감정 또는 '알고 있다'고 하는 숙지의 감정이 수반된다. 재인은 현재의 경험내용이 기억된 흔적과 연결하여 그것을 이끌어 내는 것이라고 보아 재생보다는 쉽다.

이 기억은 시간의 경과에 따라 변용되거나 붕괴되는 일이 있어서 이 것을 앞에서 망각이라고 하였는데, 이에 대한 에빙하우스(H. Ebbinghaus)의 망각곡선은 유명하다. 그는 무의미철자를 기억하고 망각하는 과정을 연구한 결과, 기억직후에 망각하는 율이 가장 크며 그 후에는 그 다지 심하게 나타나지 않음을 알았다. Ebbinghaus의 기억에 관한 양적 연구의 실험내용은 다음과 같다.

그가 무의미철자를 사용한 것은 기억하는 조건을 가능한 한 같게 하기 위해서였다. 먼저 무의미철자와 시의 일정 분량을 일정한 속도로 읽어서 완전히 자유롭게 읽게 되었을 때에 여기에 소요된 시간과 횟수를 측정하고, 다음에 일정시간이 경과한 후 재생학습을 시켜 처음 것과 다음의 것을 비교하여 재생할 수 있었던 것을 파지율이라 하고, 이것을 100으로 하여 거기서 빠져나간 것(재생되지 않은 것)을 망각률이라 하여 전면과 같은 그래프를 작성했는데 이것을 '망각곡선'이라 한다.

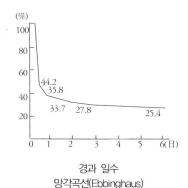

경과시간	파지율(%)	망각률(%)
0.33	58.2	41.8
1	44.2	55.8
8.8	35.8	64.2
24	33.7	66.3
48	27.8	72.2
6×24	25.4	74.6
31×24	21.1	78.9

경과 일수
망각곡선(Ebbinghaus)

망각률(Ebbinghaus)

Ⅳ. 학습지도의 형태

학습지도의 형태는 교육관이나 교육사조의 시대적인 변천에 따라, 또한 학습목표·학습내용·학습조건에 따라 다양하게 분류될 수 있다. 그러나 일반적으로 무엇을 기준으로 하느냐에 따라 학습지도의 형태를 분류하여 보면 다음과 같다.[12]

① 학습지위면에서 보면 ⓐ 타율학습, ⓑ 지도학습, ⓒ 자율학습

② 학습조직면에서 보면 ⓐ 개별학습, ⓑ 일제학습, ⓒ 분단학습, ⓓ 공동학습, ⓔ Team teaching

③ 학습목적면에서 보면 ⓐ 문제학습, ⓑ 구안학습, ⓒ 연습학습,

---

12) 안상원 외, 전게서, p.125.

ⓓ 감상학습

④ 학습활동면에서 보면 ⓐ 독서학습, ⓑ 청취학습, ⓒ 문답학습, ⓓ 토의학습, ⓔ 보고학습, ⓕ 관찰학습, ⓖ 실험학습 등으로 분류할 수 있다.

그러나 여기서는 일반적으로 가장 널리 활용되고 있는 학습장면을 중심으로 분류한 ① 강의법, ② 토의법, ③ 문제해결법, ④ 구안법, ⑤ 기타의 형태에 관하여 간단히 고찰해 보기로 한다.

1. 강의법(Lecture Method)

강의법은 학습지도의 형태 중 가장 오래되고 전통적인 교수방법으로, 주로 언어를 통한 설명과 해설에 의해서 학생을 이해시켜 나가는 교수방법이다. 이 방법은 학습지위면에서 볼 때 타율적 학습형태로서 인쇄술이 발달하기 전에는 교과서의 보급이 어려워 필연적으로 교사 한 사람에 의한 강의전달식이 주가 되었으며 특히 중세의 대학에서의 방법은 모두가 이 방법이었다.

그러던 것이 교육의 심리학적 연구가 활발해지고 새로운 교육관의 변천에 따라서 이 방법에 대한 약점과 결함이 지적되어 점차적으로 많은 비판을 받아 왔으나 이 방법의 교육적인 결함을 발견하고 그 장점을 살려 나간다면 효과적인 교육을 해 나갈 수 있는 것이다. 여기서 그 장단점을 살펴보면 다음과 같다.

[장점]

① 짧은 시간 내에 많은 내용을 체계적으로 제시할 수 있다.

② 새로운 문제 내지 학습단원을 도입하는 데 편리하다.

③ 많은 학생을 동시에 교수할 수 있으므로 학습경제상 유리하다.

④ 강의할 내용을 적절히 조정할 수 있다.

⑤ 교과서나 참고서 이외의 내용을 전달할 수 있으며, 학습내용이나 사건을 생생하게 표현하여 심리적인 교육효과를 얻을 수 있다.

⑥ 학생보조자료를 적절히 제시하면, 학생들의 학습흥미를 환기하고 학습동기도 효과적으로 유치할 수 있다.

[단점]

① 교사중심이므로 학생들이 수동적으로 되기 쉽다.

② 교과서 위주의 교수이므로 현실생활과 동떨어진 지식 위주에 빠지기 쉽다.

③ 학생들의 사고력·표현력·응용력 등의 고등정신능력을 기르기가 어렵다.

④ 획일적인 일제학습이 되기 쉬우므로 학생들의 개인차를 고려한 학습이 곤란하다.

⑤ 학습과정에 있어 자학자습의 기회가 주어지기 어렵다.

⑥ 교사의 능력에 따라 학습효과가 결정되는 수가 많으며 지능적으로 저급한 학생에게는 부적합하다.

2. 토의법(Discussion Method)

공동학습의 하나의 형태로 학급조직을 고정시키지 않고 비형식적인 토의집단을 구성해서 자유로운 토론에 의한 집단사고(group thinking)와

집단지능(group intelligence)을 통하여 문제를 해결하려는 민주적인 학습지도방법이다. 이 방법은 1915년 파커(S. C. Parker)가 문답법을 개선하여 회화법(conversational method)이라 부른 데서 연유하며 20세기에 들어와 널리 사용되고 있다.

토의법을 통하여 우리가 얻을 수 있는 가치로서는 ① 타인의 의견을 존중하고 협력하는 민주적 태도와 실천력을 기를 수 있고, ② 각자가 자기 스스로 사고하는 능력을 길러 주며, ③ 의사표현력을 길러주고, ④ 타인을 통하여 자기가 알지 못했던 것을 알게 하는 등 장점이 있다.

그러나 ① 나이 어린 저학년에게는 형식적인 토의가 되기 쉽고, ② 토의에 임하기 전에 충분한 준비를 해야 하며, ③ 시간의 비경제성과 인원의 제한 등의 단점도 내포하고 있다고 볼 수 있다. 토의법의 유형으로는 다음과 같은 것이 있다.[13]

1) 원탁토의(Round Table Discussion)

이 방법은 인원을 10명 내외로 하여 원탁에 둘러앉아 어떤 형식에 구애되지 않고 자유롭게 토의하는 방법이다.

2) 배심토의(Panel Discussion)

토의에 참가하는 인원이 많을 때에 어떤 문제에 대하여 서로 의견을 달리하는 4~5명의 대표자(배심원)를 선출하여 의장(사회자)의 안내로 토의에 들어가며 배심원들이 각자 자기의 의견을 발표하고 그

---

13) 신요영, 현대교육원리, 서울: 성진문화사, 1977, p.171.

후에 필요하다면 의장은 청중들에게 질문이나 발언할 기회를 주어 배심원과의 사이에 논의를 할 수 있도록 하는 방법이다.

3) 공개토의(Forum Discussion)

이 방법은 고대 Rome의 Forum 형식에서 나온 것으로 Forum은 시장이나 군중이 많이 모이는 곳을 의미한다. 이 토의의 형식은 수 명의 연사가 공중집회에서 연설을 하게 하고 그것이 끝나면 청중에게 그 내용에 대한 질문을 통하여 논의를 하는 방법이다.

4) 심포지엄(Symposium)

강연식 토의라고도 하는데 이 방법은 수 명의 연사가 미리 정해진 동일한 문제를 각기 다른 각도에서 의견을 준비하여 사회의 진행에 따라 발표를 하게 하고 이에 대하여 청중의 질의에 답변하도록 하는 방식이다.

3. 문제해결법(Problem Solving Method)[14]

우리의 생활은 문제해결의 연속적 과정이며, 학습은 그 문제해결의 과정에서 이루어진다. 문제해결법이란 학습자가 생활하고 있는 현실적인 장면에서 당면하는 문제들을 해결해 나가는 과정에서 지식·기능·태도·기술 등을 종합적으로 획득하도록 하는 학습방법으로 이것을 문제법(problem method)이라고도 한다. 원래, 문제(problem)라는

---

14) 안상원 외, 전게서, pp.131~132.

말은 희랍어의 "해결을 위하여 학습자 앞에 제시된 의문"이라는 뜻으로 학습자가 당면하는 의혹이나 곤란은 모두가 '문제'인바 이 문제는 반성적 사고에 의해서만 문제해결이 가능하다. 따라서 문제법이 성립되려면 학습자가 문제의식을 가지고 그 해결의 수단을 몰라 문제해결에 곤란을 느낄 때 이루어진다.

문제해결을 위한 과학적 방법은 듀이에 의하면 '반성적 사고(reflective thinking)' 과정에서 가능하다고 보았으며, 이 반성적 사고의 능력을 계발하는 것이 학습(교육)의 본질이라고 보고 있다. 그는 반성적 사고의 과정을 다음과 같은 단계로 설정하고 있다.

① 문제의식의 발생

② 문제해결을 위한 준비

③ 문제해결을 위한 가설(시안)의 설정

④ 문제해결의 실천

⑤ 결과의 반성 등

따라서 문제해결법은 듀이의 '반성적 사고과정'에 의해서 확립을 보았다고 볼 수 있다. 이에 기초하여 일반적으로 활용되고 있는 문제해결법의 학습단계(과정)는 다음과 같다.

제1단계, 문제의 제기(인식)

제2단계, 문제해결의 계획(해결법 입안)

제3단계, 자료의 수집

제4단계, 학습활동의 전개(해결법의 실시)

제5단계, 결과의 검토(검증)

이와 같은 과정을 거듭할수록 학습자들에게는 문제의 해결력, 자료의 분석력 및 종합력 등이 길러지게 된다.

또한, 문제해결학습에 있어서는 학습자들이 주된 활동을 하므로 그들이 올바른 과정을 밟아 가도록 적절히 지도하는 것이 중요하며 이것은 교사의 임무이다.

따라서 교사는 사전준비와 지도기술의 숙달이 필요한데 지도상의 유의점은 다음과 같다.[15]

① 학생들이 문제를 명확히 파악하도록 지도한다.

② 관련되는 개념을 가급적 많이 제공함으로써 사태를 정확히 분석·검토하게 하며 명확한 가설을 설정하여 여기에 적용할 수 있는 일반적인 원리를 상기하게 한다.

③ 문제해결에 대한 여러 가지 시사를 주의 깊게 검토하게 한다.

④ 사고과정을 적절히 지도하여 문제해결을 위한 자료를 조직하게 한다.

결론적으로 문제해결법은 학습자들의 문제해결 과정을 중요시하는 것으로서 새로운 사태에 직면하여 의혹과 곤란이 생겼을 때 과거의 경험이나 지식을 유효하게 활용하여 창조적인 활동 내지 반성적인 사고에 의해서 문제를 해결하는 문제해결과정(the process of problem solving) 학습이라고 할 수 있다.

4. 구안법(Project Method)

구안법은 문제해결법에서 발전된 특수한 학습지도의 형태로서 문제해결법에 비해 실제적·구체적이며 현실적인 문제해결의 결과를

---

15) 진위교 외, 학습지도, 서울: 교육출판사, 1969, pp.163~164.

중시하는 학습활동이다. 원래 구안(project)이란 말은 '내던지다', '앞으로 내놓다'는 뜻으로서 마음속에 생각하고 있는 바를 밖으로 내놓아 구체적으로 실현하고 형상화하려는 활동을 의미한다. 따라서 구안법이란 학생이 마음속에 생각하고 있는 것을 외부에 구체적으로 실현하고 형상화하기 위하여 자기 스스로가 어떤 목적을 가지고 계획을 세워 실행함으로써 자발적이고 창의적인 학습의 효과를 얻고자 하는 현실적인 학습지도의 한 방법이다.

이 방법은 미국에서 발전된 것으로 1900년 컬럼비아대학교 교수인 리처즈(C. R. Richards)가 처음으로 프로젝트(project)란 말을 사용한 데서부터 시작되어 그 후 1918년에 킬패트릭(W. H. Kilpatrick)이 「구안법」이란 논문을 발표함으로써 그 정의가 확립되고 급속히 널리 보급되었다.[16]

구안법은 문제해결의 과정이라는 점에서 문제해결법과 밀접한 관계가 있지만 그 차이점에 대해서는 두 방법의 한계가 분명하지 않으며 학자들의 의견도 일치하지 않다. 그러나 다음과 같은 점에서 의견의 일치를 보이고 있는 것 같다.

① 문제해결법은 반성적인 사고과정이 중심이 되고, 구안법은 구체적인 결과를 만들어 내는 실천적인 면에 중점을 두고 있다.

② 문제해결법은 이론적·상상적으로 문제를 해결해 가는 과정이고, 구안법은 현실적·물질적인 장면에서 해결되는 경우이다.

③ 문제해결법은 문제학습에서 발전하였으며, 구안법은 문제학습을 포함한다.

---

16) 교육학사전 편찬위원회, 교육학사전, 대한교육연합회, 1967, pp.150~151.

따라서 구안법의 특징으로는 첫째, 문제를 실제적이고 구체적으로 해결한다.

둘째, 문제는 학습자 자신이 목적을 가지고 계획에 의하여 선택하고 수행한다.

셋째, 문제해결을 위해서 물질적 자료가 사용된다.

넷째, 개인차에 따른 활동을 가능하게 한다.

그러므로 구안법의 장단점을 들면 다음과 같다.[17]

[장점]
① 아동들 자신에 의해서 이루어지는 학습이기에 정확한 동기유발을 할 수 있다.
② 모든 실행과정이 스스로 행하는 것이기에 자주성이 생긴다.
③ 자신의 문제해결이기에 학교교육과 가정교육의 연관성이 이루어진다.
④ 창의적인 활동이기에 창의성이 키워지고 책임감이 생긴다.

[단점]
① 지진아와 저능아들에게는 시간낭비의 가능성이 크다.
② 문제해결에 필요한 자료 수집이 원만치 못하면 실패할 가능성이 크다.
③ 학급 전체의 구안학습이 이루어지는 경우 개인차에 따라 희생되는 아동이 있을 수 있다.

---

17) 박상호, 전게서, p.120.

④ 아동들 자신에 의해서 이루어지는 학습이기에 무질서해질 가능성이 있다.

끝으로 구안법의 학습과정(단계)은 문제해결법과 많은 유사성을 가지고 있으며 대체로 ① 목적설정(purposing), ② 계획입안(planning), ③ 실행(executing), ④ 평가비판(evaluation or judging)의 단계에 의해서 학습이 진행된다고 본다.

5. 기타의 형태

지금까지 강의법·토의법·문제해결법·구안법에 관하여 살펴보았다. 그러나 학습지도의 형태로는 학습의 성격·내용 및 지도대상 등에 따라 다르기 때문에 이 외에도 많은 다른 학습지도의 형태를 생각할 수 있다.

특히, 시대적 변화에 따라 새로운 교수·학습방법의 연구가 활발해져서 최근에 연구·개발된 학습지도법의 제 형태는 현대의 학습과정에서 크게 각광을 받고 있으며 또한 매우 중요시되고 있는데, 그러한 학습지도법으로서는 ① Gagné의 학습위계설, ② Glaser의 교수모형, ③ Bruner의 교수이론과 발견학습, ④ 완전학습(learning for mastery), ⑤ 탐구학습(inquiry learning), ⑥ 프로그램 학습(programed learning), ⑦ Team Teaching 등을 들 수 있고, 또 한편으로는 시청각적 교육방법이 널리 활용되고 있다.

V. 단원학습

1. 단원의 의미

단원(unit)이라는 말은 여러 가지 의미로 사용되는 말로서 한마디로 그 개념을 정의하기가 어렵다. 단원이란 말을 처음으로 사용한 사람은 Herbart 파의 Ziller로서 그는 학습내용을 지도하는 데는 분석·종합·연합·계통·방법 5단계 과정으로 이루어지는 것이라고 생각하고 이러한 5단계로 취급되는 통일적 부분을 단원이라고 하였다.

단원이란 원래 단위(unit), 단일(oneness) 또는 전체성(wholeness) 등을 뜻하는 말로서, 단원에 대한 학자들의 견해를 보면 함종규는 "단원이란 통일성 있는 학습활동으로 전개시킬 학습재료의 한 묶음(한 덩어리)"[18]이라고 하였고, 레너드(J. P. Leonard)는 "단원이란 통찰력·기능 그리고 이해를 돋우어 우리 인류가 경험하여 온 여러 가지 중요한 사실을 파악하기 위하여 계획된 의미 있는 여러 가지 학습활동의 일계열"[19]이라고 하였다.

이러한 견해를 종합하여 일반적으로 정의를 내린다면 "단원이란 학습지도를 계획적이며 능률적으로 하기 위하여 어떤 자원을 중심으로 교육내용 또는 학습경험을 하나의 덩어리(묶음)로 해 놓은 단위를 의미하는 것으로, 즉 단원은 전체와의 유기적 관련 속에서 성립되는 통일적이며 단일적인 전체학습경험의 분절단위"라고 할 수 있다.

---

18) 함종규, 전게서, p.201.
19) 안상원 외, 전게서 p.137에서 재인용.
   J. P. Leonard, *Developing the Secondary School Curriculum*, rev. ed., Reinhart & Company, New York, 1956, p.436.

2. 단원의 유형

단원이란 교육내용 또는 학습경험을 하나의 통일체로 종합해 놓은 교육과정의 최저단위로서 교육내용의 기초를 어디에 두느냐에 따라서 크게 교재(교과)단원(subject matter unit)과 경험단원(experience unit)으로 구분할 수 있는데 일반적으로 단원이라고 할 때는 경험단원을 가리켜 말할 때가 많다.

1) 교재단원

교과의 논리적 체계를 중요시하는 교과중심 교육과정에서 교과에 나오는 주제나 기성문화인 지식을 논리적 체계로 분류하고 다시 교과의 계열에 따라 조직하는 것으로 교과서에 있는 지식기능을 학생에게 전달하여 성인사회에서 요구하는 이해·기능·태도의 적응적 학습성과를 기대한다. 그러므로 교재단원에서는 미리 예정된 교재나 전통적인 교과내용이 중요시되며 그것은 각 분야의 전문가들에 의하여 선정된 교재들로 단원이 구성된다.

2) 경험단원

생활경험을 중시하는 경험중심 교육과정이나 중핵교육과정에서 학생들의 요구·흥미·필요에 기초를 두고 학습자의 목적달성을 중심으로 심리적으로 조직하려는 것으로 경험단원에서는 학습자 자신이 자발적으로 학습활동을 전개하여 가고 교사는 학습자가 자신의 경험을 토대로 당면한 문제를 해결해 나가도록 지도해야 한다.

3. 단원의 전개

단원학습은 단원의 성질·종류에 따라 다르게 전개되기 때문에 전개순서가 일정하게 형식화되어 고정되어 있는 것은 아니나 일반적으로 널리 활용되고 있는 것을 보면 다음과 같다.

1) 도입단계

계획된 단원에 대하여 학생의 흥미를 유발시키고 학습의욕을 고취시킴으로써 학생이 능동적·자주적으로 학습에 참여하도록 하는 단계로서 교사는 동기유발의 기술이 필요하다.

2) 계획단계

학습과제를 해결하기 위한 계획을 세우는 단계로 학생 스스로 또는 교사와의 공동으로 단원의 목표를 확인하고 문제해결을 위한 치밀한 학습계획을 세워야 한다.

3) 전개단계

학습활동을 실제로 전개하는 단계로서 단원학습의 가장 중심적인 위치를 차지하는 단계이다. 따라서 이 단계에서의 교사의 교수활동은 ① 효과적으로 학습내용을 제시할 것, ② 학습내용의 중심적 요소를 반복하여 강조할 것, ③ 학생들의 이해도를 체크할 것, ④ 학습내용을 분석·비판하여 자기 것으로 하도록 도와줄 것 등이다.

4) 정리단계

전개한 학습내용을 정리하고 요약하는 단계이다. 개개학습을 종합하고 조직하여 전체로서 정리하고, 그 결과를 보고서 작성, 작품 전시, 발표, 비판 등을 하여 새로이 연구해야 할 문제를 분명히 한다.

5) 평가단계

학습결과에 대한 평가를 하는 단계로 학습목표의 성취도를 알아보아 교사 자신의 평가도 하며, 여기에서 얻어진 자료를 Feedback해서 개선·보완해야 한다.

교육평가

Ⅰ. 교육평가의 기초

1. 교육평가의 의미

교육은 일정한 목표를 가진 계획적인 활동과정으로, 설정된 교육목표가 어느 정도 달성되었는가를 알기 위해서는 우선 교육활동에 대한 평가가 있어야 할 것이다.

교육활동을 ① 교육목표를 정하는 단계, ② 목표에 따라 계획을 수립하는 단계, ③ 계획을 실행하는 단계, ④ 실행한 결과를 반성하는 단계 등, 4단계로 분류할 때 교육평가는 이 반성의 단계에 해당되는데, 이와 같이 하여 교육목표에 대한 달성 여부, 교육의 결과에 대한 검토 및 평가 등은 학생의 진보발달 정도에 대한 올바른 교육적 처치가 가능할 뿐 아니라, 교육과정 전반에 걸친 교육의 진보·개선을 위한 가치판단에도 매우 중요한 일이다. 그러므로 왜, 누가, 어떻게 가르치는가 하는 합목적적인 교육활동의 모든 문제는 교육활동의 성공 여부를 결정하는 교육평가에 수렴한다고 볼 수 있다.

무엇인가를 평가한다는 것은 그것의 가치를 결정하는 것으로서 흔히 우리가 사용하는 영어의 Evaluation이란 말도 그 어원은 가치를 의미하는 Value에 두고 있어, 우리말의 평가란 말도 이러한 뜻을 가지고 있다 하겠다.

그러면 이와 같이 교육활동에 있어 필수불가결한 교육평가란 무엇인가? Tyler는 평가를 교육의 과정과 관련시켜 "평가의 과정이란 본질적으로 교육과정 및 수업의 프로그램에 의하여 교육목표가 실제로 어느 정도나 실현되었는지를 밝히는 과정이다"[1]라고 정의하고 있으며 Cronbach는 "교육평가란 어떤 교육 프로그램에 관한 결정을 내리기 위하여 정보를 수집하고 사용하는 과정이다"[2]라고 정의하고 있다.

이와 같은 정의를 고찰해 볼 때 교육평가란 "교육의 과정에서 필요로 하는 학생에 관한 정보를 수집하고 교육의 과정의 효율성을 판단하며, 교육목표의 달성 여부를 밝혀서 앞으로 어떠한 교육적 지도가 요구되고 있는가를 밝히려는 가치판단의 과정"이라고 할 수 있겠다.

또한, 황정규는 교육평가의 의미를 네 가지로 설명하고 있는데 약술하면 다음과 같다.[3]

1) 교육목적의 달성도 평가

교육평가는 달성목적의 달성도를 다룬다. 교육목적은 학습자에게 바람직한 행동의 변화를 가져오게 하는 것을 뜻하는 것으로서 교육평가는 이와 같은 바람직한 행동의 변화가 얼마나 달성되었는가, 즉 교육목적의 달성도를 측정하고 다루는 과정이다.

2) 행동증거 수집방법으로서의 평가

평가가 바람직한 행동의 변화를 측정하는 것이라면 그 측정방법에는 여러 가지가 있을 것이다. 흔히 사용하는 시험도 한 방법이며 그 이외에 관찰법, 면접법, 각종 표준화검사, 사회측정법, 평정법 등 여러 가지가 있다. 이렇게 보면 교육평가란 인간행동의 증거(변화하는

---

1) Ralph W. Tyler, *Basic Principles of Curriculum and Instruction*, Chicago: The University of Chicago Press, 1948, pp.105~106.

2) L. J. Cronbach, *Evaluation for course improvement*, in Robert W. Heath(ed.) New Curricula, New York: Harper & Row, 1964, p.231.

3) 황정규, 교육평가, 서울: 교육출판사, 1967, pp.26~33.

행동)를 과학적으로 수집하고 해석하기 위하여 동원되는 방법을 총칭하는 개념이다.

3) 인간이해 수단으로서의 평가

평가는 행동변화를 알기 위한 수단이지 그것 자체가 결코 목적이 될 수는 없는 것이다. 인간은 누구나 지금의 '나'보다 더 발전하고 성장할 무한한 가능성을 지니고 있으므로, 일시적인 성적의 평가로 인간을 규정하고 심판해서는 안 될 것이다. 따라서 교육평가란 학생의 현재를 바로 이해하고 진단하여 그것을 기초로 효율적인 교육을 하기 위한 과정이라고 할 수 있다.

4) 개인차의 변이로서의 평가

인간은 누구나 어떤 점에서이든, 똑같은 사람은 있을 수 없으며 각자 다른 특성을 지니고 있는 것이다. 따라서 모든 사람이 지니고 있는 지능·적성·성격·흥미·신체적 발달의 조건 등에서도 개인차가 있게 마련인데 교육평가는 이러한 여러 측면에서 존재하는 개인차를 밝혀 개인을 이해함으로써 효과적인 교육을 하려는 것이다.

이와 같이 교육평가는 매우 포괄적인 교육활동으로서 그 역할의 중요성이 점점 인식되어 가고 있으며, 교육을 둘러싸고 있는 여건과 상황의 변화에 따라 교육평가에 대한 우리의 관점도 적지 않은 변화가 일어나게 되었다.

2. 교육측정과 교육평가

고대교육에서의 구두시험형식과 중세교육에서의 주관적 필기시험 혹은 교육고사법 등에 대한 비과학적이고 주관적인 평가법에 대한 비판이 일어나 학력측정의 고사방법을 객관화시키려는 교육측정운동이 20세기 초에 활발히 전개되었다. 이러한 운동은 미국의 손다이크(E. L. Thorndike)를 주축으로 더욱 고창되었는데 그는 "무엇이나 존재하는 것은 반드시 양적으로 존재한다. 그러므로 양적으로 존재하는 것은 측정할 수 있다"라는 명제를 남겨 교육측정운동의 대표자로 불리고 있다.

그러나 1930년대에 와서 교육측정법에도 한계가 드러나기 시작해서 반성기에 접어들었으며 타일러(R. W. Tyler)는 '8년 연구(The Eight Year Study)'와 더불어 교육측정의 결함을 지적하고 비판을 가하여 평가의 필요성을 느끼게 되었다. 따라서 1936년경부터 라이트스톤(Wrightstone), 테일러(Taylor) 등에 의해서 교육평가란 용어가 사용되기 시작하였고 1940년경부터 진보주의 교육운동에 힘입어 적극적으로 널리 보급되어 현재에 이르기까지 교육평가법이 사용되어 왔던 것이다.

그러면 이와 같은 경로를 거쳐 발달하여 온 교육측정(educational measurement)과 교육평가(educational evaluation)에 대해서 살펴보기로 한다.

이 두 가지 용어는 과거에 흔히 혼용되어 왔으나 어떤 관점에서는 명백히 구분해 둘 필요가 있다.

먼저, 측정(measurement)이란 어떤 대상을 일정한 척도에 의하여 수량적으로 나타내는 조작을 의미하는 것으로, 교육측정이라고 할 때는 학력·지능·성격 및 기타 교육에 관한 사상을 객관적·수량적으로 다루며, 모든 측정에 있어서 척도(scale)를 필요로 하는 것이다. 그리고 교육측정은 평가에서와 같은 가치판단이 없으며, 대상이 가지는 가치에는 아무런 관계를 갖지 않는다.

평가(evaluation)는 그 어의 속에 가치(value)라는 뜻이 내포되어 있는 것으로서 측정에서 얻은 양적인 자료를 교육목적, 즉 가치에 비추어서 질적으로 해석하고 판정하는 일이다. 다시 말하면 측정에서 얻은 자료를 기초로 하여 설정된 교육목적에 비추어 그 달성여부를 따져보는 활동을 의미한다. 또한 교육평가는 측정활동의 결과자료를 가지고 교육목적의 달성도를 평가하므로 측정은 평가에 선행된다고 볼 수 있으며 측정을 평가에 포함시킨다.

이러한 관계를 볼 때 측정과 평가는 명확히 구분하기는 곤란하나 다음과 같은 차이가 있다고 볼 수 있다.

첫째, 발달과정 측정이 평가보다 앞선다.

둘째, 측정은 과학적이고 객관적인 수량화에 중점을 두고 있으나, 평가는 목적과 가치에 중점을 두고 측정에서 얻은 자료를 이용하여 교육목적의 달성 여부를 따지며 질적인 해석을 중요시한다.

셋째, 측정이 신뢰도(reliability)에 관련되는 개념이라면 평가는 타당도(validity)에 관련된 개념이다.[4] 즉 측정은 얼마나 정확히 재고 있느냐, 얼마나 엄밀하게 오차 없이 객관성 있게 재고 있느냐의 개념이라면 평가는 얼마나 타당하게 재어야 할 것을 재고 있느냐에 대한 개념이라 할 수 있다.

---

4) 황정규, 상계서, p.35.

넷째, 측정은 지적 능력이 주된 대상이나, 평가는 전인적 발달이 대상이다.

다섯째, 측정은 평가를 위한 수단·방법으로서 평가의 개념 속에 포함된다.

이상과 같은 점으로 미루어 볼 때 측정 없는 평가는 존재할 수 없고, 평가 없는 측정은 무의미한 것으로 측정과 평가는 별개로 분리하여 생각할 것이 아니라, 평가의 과정 속에 포함되는 상보적 관계로 보는 것이 타당할 것이다.

3. 교육평가의 기능

교육평가는 교육목적의 달성도를 평가하는 교육의 반성적·자각적인 과정으로 교육활동 전반에 걸쳐 그 기능을 발휘하고 영향을 미친다. 즉, 학습지도에서뿐 아니라 교육행정·재정·장학 등 영역에서도 교육평가의 기능은 필수적이며, 그 외에 학생 자체의 여러 가지 현상을 분석·파악하기 위해서도 필수적인 기능을 발휘한다.

이와 같이 교육전반에 있어 중요 역할을 하고 있는 평가의 기능을 몇 가지 경우에 국한하여 고찰해 보면 다음과 같다.[5]

(1) 학습동기를 강화하는 기능이 있다

학습동기는 크게 내적 동기(intrinsic motivation)와 외적 동기(extrinsic motivation)로 나눈다. 평가는 대부분의 경우 외적 동기와 관련이 있다.

---

5) 김종서 외, 교육학개론, 서울: 교육과학사, 1984, pp.326~327.

예를 들면 '시험에 대비한 공부'가 이에 속한다. 일종의 사회적 압력을 가하여 동기를 유발하는 방법이다.

(2) 학부모 · 상급학교 · 지역사회의 필요를 충족시킨다

학부모에게 학생이해의 자료제공 및 학생진보의 정도를 알려 줌으로써 가정교육에 도움을 준다. 또한 대학에서 요구하는 내신성적의 작성 및 취업에 필요한 성적과 같은 필요를 충족시킬 수 있다.

(3) 교수-학습과정 개선에 도움을 준다

넓게는 교육의 과정, 좁게는 교수-학습과정 개선에 도움을 준다. 학생들의 학력의 현상태의 파악, 학습곤란의 진단, 목표달성도의 수시적 조사, 개인차의 확인 등은 교사의 반성자료가 되며 이에 기초하여 교수-학습과정을 개선할 수 있다.

(4) 교육정치(education placement)의 기능이 있다

학생이 자기의 능력을 최대한으로 발휘할 수 있는 교육상태에 학생을 배치하는 것을 교육정치라고 한다. 대학 · 진급 · 집단조직 등이 교육정치와 관련이 있는데 이러한 교육정치활동에 평가가 공헌한다.

(5) 선발의 기능이 있다

선발의 대표적인 예로서는 입학시험, 대학입학 학력고사, 고등학교 배치고사와 같은 것을 들 수 있을 것이다.

(6) 생활지도의 기초자료를 제공한다

생활지도에 있어서는 학생이해활동이 대단히 중요한 자리를 차지한다. 학생의 지적 측면, 성격측면, 기능측면, 신체적 측면에 관한 상세한 정보 없이 생활지도활동이나 상담활동을 전개시키는 것은 대단히 어렵다.

Ⅱ. 교육평가의 절차(과정)

교육평가의 절차는 각종 평가방법에 따라 약간의 차이가 있기는 하지만, 어떠한 평가의 절차에도 공통으로 적용되어야 하는 일반적인 절차가 있다.

따라서 평가의 일반적인 절차를 보면 ① 교육목표의 설정, ② 평가장면의 선정, ③ 평가도구의 제작, ④ 평가도구의 실시 및 결과처리, ⑤ 평가결과의 해석 및 활용 다섯 단계로 나눌 수 있는데 각 절차에 대해서 살펴보기로 한다.

1. 교육목표의 설정

평가에서 가장 먼저 해야 할 일은 교육목표를 설정하는 일이다. 왜냐하면 교육평가는 목표의 달성도를 평가하는 것을 주된 기능으로 하기 때문에 목표설정을 하지 않고서는 올바른 평가가 이루어질 수 없는 것이다. 따라서 먼저 교육목표를 분석해서 그 개념을 정확히 규정·확인하고 교육목표의 세분화 작업을 실시해야 한다. 교육목표가 너무 추상적·형이상학적으로 진술되어 교사나 학생이 전혀 교육목표를 의식하지 못하고 교육현장에 임한다면 그러한 교육은 방향감각을 상실한 기계적인 교육으로 타당한 교육, 타당한 평가방법이 나올 수 없다. 그러므로 교육목표는 보다 구체적이고 실질적인 용어로 진술되고 확인되지 않으면 안 된다.

일반적으로 교육목표를 설정할 때는 행동과 내용 두 가지 측면으로 분류하여 기술하는데 이것을 교육목표의 이원성이라고 한다. 예를 들면 "계절의 변화에 관한 지식을 기른다"는 목표의 경우 '계절의 변화'는 내용상의 목표이고 '지식'은 행동상의 목표이다. 그러므로 교육목표는 '내용＋행동'의 형식으로 진술되었을 때에만 완전한 교육목표가 되는 것이다. 평가에서는 이와 같은 교육목표의 이원성에 의하여 표가 작성되어야 하는데 이것을 이원분류표 또는 교육목표이원분류표라고 하며 이에 의해 구체적인 평가활동이 이루어진다.

교육목표에 대한 분류로는 블룸(B. S. Bloom)이 중심이 된 교육목적분류학이 많이 활용되고 있는데 그의 교육목적 분류 중 행동영역의 분류를 소개하면 다음과 같다.[6]

그는 행동영역을 인지적 영역(cognitive domain), 정의적 영역(affective domain), 심리운동적 영역(psychomotor domain)으로 나누고 인지적 영역을 다시 ① 지식(knowledge), ② 이해력(comprehension), ③ 적용력(application), ④ 분석력(analysis), ⑤ 종합력(synthesis), ⑥ 평가력(evaluation)으로 분류하여 밑으로 내려갈수록 고등정신기능으로서 전 단계를 기초로 하여 다음 단계가 이루어진다는 복잡성의 개념으로 설명하고 있다.

그리고 정의적 영역도 ① 감수(receiving), ② 반응(responding), ③ 가

---

6) 림의도 외 공역, 「교육목표분류학, 지적 영역」, 서울: 배영사, 1966.
   림의식 외 공역, 「교육목표분류학, 정의적 영역」, 서울: 배영사, 1967.

치화(valuing), ④ 조직화(organization), ⑤ 가치 또는 가치복합에 의한 인격화(characterization by a value or value complex)로 분류하여 밑으로 갈수록 심층적인 특성이고 이것도 위계적인 조직으로 앞 단계를 전제로 다음 단계가 형성되어 간다는 내면화의 원칙으로 설명하고 있다.

한편 내용면에서의 내용분류는 여러 가지로 나눌 수 있으나, 학업성취의 경우는 우선 교과로 대별할 수 있다. 예를 들면 학업성취도를 알아보기 위한 총괄평가에 있어서 100문제를 출제하는 경우 교과에 따라 문항 수를 정하게 되는데 특정 교과의 경우 단원내용이 내용목표가 될 것이며 특정 단원의 경우는 학습과제가 내용목표가 될 것이다.

이와 같은 행동목표와 내용목표에 의하여 작성된 교육목표이원분류법에 따라 검사문항이 작성되고 평가활동이 이루어지는 것이다.

2. 평가장면의 선정

교육목표의 설정이 끝나면 그다음에는 설정된 목표를 측정하기 위해서 어떠한 방식으로, 즉 어떻게 측정할 것인가가 결정되어야 하는데 여기서 '어떻게'라는 것이 평가장면에 해당된다고 볼 수 있다. 예로서 달리기의 능력을 질문지로 측정한다거나, 발표의 능력을 시험지로 알아본다면 그것은 평가장면의 선정에 오류를 범하고 있는 것이다.

평가장면이란 어떤 행동의 성취 또는 습득의 증거가 나타날 수 있거나 나타난 장면을 정하는 것으로 이러한 장면을 선정할 때는 반드시 "이런 장면에서 바로 그러한 행동 증거가 나타날 것인가" 하는 반문을 생각해야 한다. 왜냐하면 만일에 엉뚱한 평가장면을 선정한다면 그 평가의 결과는 엉뚱한 것이 되고 말기 때문이다. 따라서 검사자는 측정할 행동 증거의 내용에 따라 어떠한 평가장면이 가장 적절한가를 결정해서 선택해야 한다.

평가장면에는 필답검사, 질문지, 각종 표준화검사, 면접, 투사적 방법, 관찰 등 여러 가지 방법이 있다.

3. 평가도구의 제작

평가장면의 선정이 되면 그 선정된 장면을 가지고 교육목적을 측정하기 위한 평가(측정)도구를 제작하는 단계가 오는데, 이 단계는 실제로 어떤 행동증거를 수집할 평가문항을 제작하는 평가의 중심과정이다. 즉 질문지의 경우라면 질문지의 문항 하나하나를 만드는 과정이며, 필답검사인 경우에는 시험문제를 직접 제작하는 과정이다.

그런데 이 단계에서 가장 중요한 것은 평가도구의 내용 하나하나가 설정된 교육목적을 제대로 측정할 수 있느냐의 합목적성의 문제이다. 만일 A를 측정하려는 평가도구로서 B를 측정하려 한다면 그것은 설정된 교육목표의 달성도를 측정할 수 없는 것이다. 따라서 이 단계에서는 평가도구 기준의 문제로 타당도·신뢰도·객관도·실용도 등이 알맞은 합목적성에 입각한 문제가 제작되어야 한다.

4. 평가의 실시 및 결과처리

이 단계는 선정된 평가장면과 제작된 평가도구를 이용하여 설정된 교육목표에 비추어 얼마만큼의 변화를 가져왔으며, 어느 정도의 상태에까지 도달하였는가를 실제로 측정하는 과정으로 언제, 어떻게, 얼마나 실시할 것인가의 실시 시기·횟수·방법·대상 등이 고려되어야 한다. 특히 여기서 주의할 점은 언제 몇 번을 측정할 것인가의 문제로 한 학기에 한두 번의 측정으로 평가를 마쳤다고 생각해서는 안될 것이다. 정확하게 행동의 변화를 측정하려면 최소한 새로운 교육활동이 전개되기 전에 실시하는 진단평가와 교육활동 중에서의 형성평가 그리고 교육활동이 끝난 다음에 실시하는 종합검사로서의 총괄평가 등 적어도 세 번의 측정은 있어야 한다. 또한 이 과정에서의 문제는 실시한 결과를 얼마나 정확하고 유효적절하게 처리하느냐의 문제로 채점, 통계적 조작기술, 기록 등이 필요하게 된다.

5. 평가결과의 해석 및 활용

평가는 활용을 목적으로 하므로 평가결과에 대한 최대한의 활용과 올바른 해석을 하여야 한다.

평가에 대한 올바른 해석을 위해서는 다음과 같은 소양이 필요하다.

① 인간행동의 발달과 학습의 원리를 이해하는 심리학적 소양이 있어야 한다.

② 바람직한 행동에 대한 가치관적·철학적 견해가 있어야 한다.

③ 통계학적 측정이론에 대한 전문적인 소양 등이 필요하다.

그리고 교육평가에 대한 결과는 교육과정 및 교수법의 개선, 학습활동의 개선, 생활지도 및 상담에의 활용, 교육정치에의 활용 등 교육활동 전반에서 다각도로 활용할 수 있다.

Ⅲ. 교육평가의 유형

교육평가의 유형은 관점에 따라 여러 가지로 구분되며, 또한 최근의 수업이론의 발달과 더불어 교육평가의 새로운 동향으로 나날이 변천되어 가고 있으나 그 대표적인 것을 들어 보면 다음과 같다.

1. 상대평가와 절대기준평가[7]

1) 상대평가

상대평가란 평가의 기준이 어떤 표준척도에 의하여 조작되는 평가형태로서, 즉 규준지향측정(norm-referenced measurement)이다. 따라서 상대평가라 함은 개인의 지위(학력·지능·성격 등)를 타인과의 비교에 의하여 상대적으로 판단하는 평가를 말하는 것으로, 여기에서 평가의 기준은 타인이다. 가장 대표적인 예는 1976년 이전에 생활기록부에 학력평가의 결과를 공식적으로 기재할 것을 요구하던 평가의 방법이다. 일개학년 또는 일개학급을 단위로 하여 성적이 좋은 순서에 따라 수 10%, 우 20%, 미 40%, 양 20%, 가 10%로 평가하도록 하는 방법이다.

이와 같은 평가의 방법은 개인의 상대적 지위는 알려 주지만 그 개인이 설정한 교육목표를 어느 정도 달성하였는지는 제시해 주지 못한다. 예를 들면 A학교의 6학년 한 학급의 아동이 60명이며 이들은 모두 우수한 학생이고 또한 등질적인 학생이어서 90점에서 98점까지

---

7) 김종서, 전게서, pp.331~332.

퍼져 있어도 수 6명, 우 12명, 미 24명, 양 12명, 가 6명으로 평가해야 한다. 반대로 B학교의 6학년 특정 학급은 60명인데 이들은 비교적 열등한 등질적인 아동으로 구성되어 있어서 그 성적이 40점에서 60점까지 분포되어 있다고 가정해 보자. 이 경우에 있어서도 수는 6명이 될 것이다. 그리그 그들이 55~60점의 점수 분포에 속하는 아동이라고 하면 A학교의 수는 90점인데 B학교의 수는 55~60점이라는 모순이 나타난다.

따라서 상대평가는 다음과 같은 단점을 들 수 있다.[8]

① 개개 학생이 교육목표에 도달되었는가를 밝히는 기준적 판단을 할 수 없다.

② 학생들 사이의 비교육적인 경쟁심을 유발한다.

③ 모든 학생이 교육목표에 도달할 수 있다는 교육의 가능성을 부정한다.

④ 평가의 결과가 교사활동 개선을 위한 아무런 자료도 제공해 주지 못한다.

2) 절대기준평가

절대기준평가란 평가의 기준을 교육의 과정을 통해서 달성하려고 하는 교육목표 또는 도착점행동에 두는 교육목표달성도의 평가이다. 즉, 준거지향측정(criterion − referenced measurement)으로서 이때의 준거는 교육목표가 되는 것이다. 교육평가의 기준은 목표인바 목표달성도를 평가할 수 있는 평가도구를 제작하고 이 도구에 따라 평가된 결과

---

8) 교육학평가연구회 편저, 교육학연수자료집, 서울: 교육출판사, 1978, p.274.

를 타인과 비교함이 없이 그대로 기록하는 평가의 방법이다. 예를 들면 수, 우, 미, 양, 가로 평가하여 수는 교육목표의 90% 이상 달성자, 우는 80~89% 달성자 등으로 정한 경우 어떤 학급의 전원이 90% 이상의 달성 정도를 나타내면 전원에게 '수'의 정적을 주는 평가의 방법이다.

따라서 절대기준평가는 상대평가에서의 학생 상호 간 상대적 비교라는 문제점에서 탈피하여 학생 각자의 학습성취도가 주어진 목표기준에 비추어 어느 정도이며 또 그 목표기준에 도달케 하기 위해서는 어떤 교육적 노력이 필요한지를 밝혀 주는 교육적 평가방법으로 교수-학습과정에 매우 중요하게 활용되고 있다.

2. 주관식 평가와 객관식 평가

1) 논문형 평가

주관식 평가란 수험자가 답을 구상하거나 상기하여 답안지에 기입하는 형식으로 기술식 평가라고도 불리며 전통적인 시험법으로 오래 전부터 사용되어 온 방법이다. 이 방법은 비과학적·주관적이라는 비난을 받았으나 최근에 와서 다소 부활되는 경향을 나타내고 있다. 이 평가방법의 장단점을 살펴보면 다음과 같다.

[장점]
① 반응이 자유스럽기 때문에 교과서의 내용뿐 아니라 폭넓은 분야에 걸친 지식을 총동원하여 답을 작성할 수 있다.
② 학생들의 창의력·사고력·종합력·분석력 등 고등정신기능을

측정할 수 있다.

③ 작문력을 통하여 자기표현력을 잴 수 있다.

④ 문제작성이 용이하다.

[단점]

① 채점의 객관성·신뢰성이 적어 많은 인원수를 대상으로 하는 경쟁시험에는 부적합하다.

② 문제가 포괄적이어서 능력을 골고루 측정할 수 없다.

③ 채점이 주관적이며 성적의 해석기준이 없다.

④ 답안을 채점하는 데 많은 시간이 걸린다.

2) 객관식 평가

객관식 평가란 이미 제시된 답지들 중에서 수험자가 정답을 선택하게 되어 있는 형식의 평가방법으로 선택식 평가라고도 말한다. 이 방법은 우리나라에서 1950년대에 중학교 입학을 위한 국가고사가 나타남에 따라 보편화되기 시작하였고, 그 후 표준화검사의 발달로 더욱 보급에 박차를 가하여 최근에 이르러서는 대학입학 학력고사가 객관식으로 출제됨에 따라 초·중등학교에서는 거의 객관식 평가가 주류를 이루고 있는 경향이다. 이 평가방법에 대한 장단점을 들면 다음과 같다.

[장점]

① 채점이 객관적이며 쉬워서 결과의 처리를 빨리 할 수 있다.

② 문항의 분량이 많아서 포괄도가 높다. 즉, 단시간 내에 많은 문

제를 해결해야 되기 때문에 내용을 충분히 알고 있지 않으면 성적이 저하된다.

③ 사실의 이해나 과학적인 진리의 판단력 측정에 적당하다.

④ 제반 통계적인 처리를 의미 있게 할 수 있다. 예를 들면 문항의 곤란도·타당도·변별도·신뢰도의 계산 등 문항 자체와 관련된 부분은 결과의 제반 처리를 의미 있게 할 수 있다.

[단점]

① 표현력·작문력을 기를 수 없다.

② 단순한 상기력 측정에 치우칠 우려가 있으며 고등정신기능을 측정하기가 힘들다.

③ 정답을 선택하는 데 추측의 요인이 들어갈 수 있다.

④ 좋은 문항을 제작하는 데 시간과 노력과 경비가 많이 든다.

이와 같이 논문식 평가와 객관식 평가는 그 장단점에서 살펴본 바와 같이 여러 가지 대조적인 특색을 지니고 있는데 양자의 차이점을 김호권은 다음과 같이 비교하고 있다.[9]

---

9) 김호권 외, 현대교육평가론, 서울: 교육출판사, 1981, p.31.

	논문식 평가	객관식 평가
1. 반응의 자유도	넓음	좁음
2. 반응의 특색	문항이 요구하는 관련지식뿐만 아니라 구상력·표현력 등이 내포됨	문항이 요구하는 관련지식만 내포됨
3. 반응의 강조점	종합적인 이해가 요구됨	정확한 지식이 요구됨
4. 문항표준	일반적으로 부정함	충분히 할 수 있음
5. 채점의 객관도	비교적 낮음	상당히 높음
6. 추측의 작용	비교적 작음	비교적 큼
7. 출제소요시간	적음	많음
8. 채점소요시간	많음	적음

3. 진단평가, 형성평가, 총괄평가

1) 진단평가(Diagnostic Evaluation)

진단평가는 교수활동이 시작되는 초기상태에 학생들의 정치(placement), 선수학습의 결핍 여부의 판정, 학습장애의 진단 등을 통하여 어떠한 교수방법, 학습방법이 적절한가를 확인해 보는 평가이다.

정치는 학생들을 그들의 능력에 알맞은 위치를 찾아내어 그곳에 배치함으로써 학습효과를 얻기 위한 활동을 의미하는 것으로 이 검사는 대부분의 경우 단원·학기·학년초에 실시한다. 이처럼 진단평가는 교육활동이 시작되기 전에 실시하여 학생의 시발행동의 수준을 확인하고, 교수전략에 관한 의사결정을 하는 데 필요한 정보를 제공하는 것을 그 목적으로 하고 있다.

2) 형성평가(Formative Evaluation)

형성평가의 개념은 1967년 Scriven에 의하여 처음으로 제기된 것으로 형성평가란 교수-학습이 진행되는 과정에서 학생들이 주어진 학습목표달성에 정상적인 진전을 보여 주고 있는지를 수시로 점검하여 학습장애의 교정, 학습행동의 강화, 송환효과(feed back)를 주어 교육과정과 학습지도방법의 개선을 위하여 실시하는 평가라고 할 수 있다. 이와 같이 형성평가는 학생의 학습증진의 극대화뿐만 아니라 교육방법과 교육과정의 개선 및 학습과정의 숙달 정도를 결정하고 미숙달한 부분을 파악하여 재지도함으로써 단원목표를 완전히 달성하고자 하는 데 그 목적이 있는 것이다.

그리고 형성평가는 수업이 진행되는 과정에서 수시로 진행되어야 한다는 점이 한 특색이라고 할 수 있다. 총괄평가가 학기말이나 학년말에 실시되는 비교적 형식적이고 딱딱한 평가라고 한다면, 형성평가는 여러 가지 수업의 과정에서 필요에 따라 송환효과(feed back)도 주고 학습활동에서의 미비점이나 결함을 시정도 해 가는 부드러운 평가활동이다.

또한 형성평가는 학생 상호 간의 학업성취에 대한 우열을 비교하는 데는 관심이 없고 설정된 목표에의 도달 정도 및 분석된 학습과제의 숙달 정도를 문제 삼기 때문에 절대기준평가의 방법이라고도 볼 수 있다.

따라서 이러한 평가의 과정은 교육과정의 개발과 평가의 영역에서뿐만 아니라 교사와 학생 간의 상호 작용으로 이루어지는 학습과정의 운영과 평가라는 입장에서도 그 의의가 있는 것이다.

3) 총괄평가(Summative Evaluation)

총괄평가는 일정한 학습과제나 교과의 수업이 끝난 후 기말이나 연말에 종합적으로 의도했던 교육목표를 학생이 어느 정도 성취하였느냐를 판정하고 사정하는 평가로서 흔히 월말고사·학기말고사·학년말고사가 이에 해당한다. 종래의 학습성과의 평가라고 할 때는 이 총괄평가를 의미하였다.

이런 총괄적 평가가 우리에게 제공해 주는 주요 기능을 보면 다음과 같은 것을 들 수 있다.

첫째, 의도했던 교육목적의 성취도를 결정하는 것이다. 즉 학생의 성취수준을 평가하여 성적을 결정하고 서열을 정하는 것이다. 따라서 총괄평가는 상대평가의 성격을 갖는다.

둘째, 총괄평가의 결과는 다음 학습과정에서 학생이 성공할 수 있느냐를 예언하는 데 중요한 역할을 한다. 교과목에 따라서 약간의 차이는 있지만 현재의 성취도와 장래의 성취도 사이에는 상당히 높은 상관관계가 나타난다는 것이 학업성적의 예측연구에서 밝혀지고 있는데, 학업성취도를 가지고 장래의 학생들의 성적을 미리 짐작한다는 것은 매우 중요한 일이다.

셋째, 집단 간의 성과 비교에 이용된다. 즉 어떤 집단의 종합적인 학습성과를 타 집단의 학습성과와 비교하여 다음 학년의 수업이 시작할 때 각 학생 혹은 학급을 어느 정도의 수준에서 교수해야 할 것인가를 결정하는 것이다.

Ⅳ. 좋은 평가도구의 기준

평가목적에 따라 사용하게 되는 평가도구도 각기 다르다. 평가도구가 본래의 목적을 제대로 달성하려면 몇 가지 기본조건을 갖추어야 한다. 학력평가이든 행동평가이든 간에 좋은 평가도구가 되려면 적어도 측정논리에서 요구하는 몇 가지 준거(criteria)에 도달해야 되는데, 일반적으로 좋은 평가도구를 판단하는 기준으로서는 타당도(validity), 신뢰도(reliability), 객관도(objectivity), 실용도(utility)를 들 수 있다.

따라서 이 네 가지 기준이 모두 갖추어졌을 때 비로소 올바른 평가를 할 수 있으며 또한 좋은 평가도구라고 할 수 있다.

1. 타당도(Validity)

타당도란 검사 또는 평가도구가 측정하려고 하는 것을 어느 정도 충실하게 측정하고 있는가에 대한 정도를 말한다. 즉 평가의 도구가 '무엇(what)'을 재고 있느냐의 문제인 동시에 그 평가의 도구가 어느 특정 대상에 대해서 평가하려는 목표를 얼마나 정확하게 재어 내느냐의 문제인 것이다. 가령, 수학검사를 하여 수학능력을 재려는 것이 영어능력을 재고 있다면 그 수학검사는 타당도가 없는 것이다.

타당도를 검증하는 방법으로는 대체로 다음과 같은 것이 있다.[10]

1) 내용타당도(Content Validity)

이 타당도는 논리적 타당도(logical validity), 안면타당도(face validity), 교과타당도(curricular validity)라고도 하는 것으로 평가도구가 그것이 평가하려고 하는 내용을 얼마나 충실히 측정하고 있는지를 논리적으로 알아보려는 것이다. 예를 들면 영어과목의 검사인 경우 영어교육의 목표를 분석적·논리적으로 진술하고 있으며 검사내용 자체가 과

---

10) 박상浩 외, 교육평가, 서울: 세광공사, 1979, pp.47~52.

연 영어교육의 목표를 충실히 재고 있는지를 판단하는 방법이다.

2) 예언타당도(Predictive Validity)

예언타당도란 어떤 검사가 목적하는 바의 준거를 어느 정도 예언해 주느냐의 능력을 알아보는 방법으로 미래에 관계되는 것이다. 예를 들면 대학입학시험에서 성적이 우수한 학생이 열등한 학생보다 대학생활에서의 성적도 우수하다는 것을 예언하는 시험문제일 때 그 시험은 재려고 하는 것을 충실히 재었다고 할 수 있는 것이다.

3) 공인타당도(Concurrent Validity)

공인타당도는 한 검사에서 측정하고 있는 행동특성과 그 검사 외의 어떤 행동준거를 비교함으로써 밝히는 방법이다. 예를 들면, 흥미검사에서 음악에 흥미를 나타내고 있는 학생이 실제로 노래를 잘 부른다거나 음악성적이 높다면 이 검사는 공인타당도가 높다고 할 수 있다.

4) 구인(수인)타당도(Construct Validity)

구인타당도란 어떤 한 검사가 조작적으로 정의되지 아니한 어떤 특성이나 성질을 측정했을 때 그것을 심리학적 개념으로 분석하고 의미를 부여하는 과정을 의미한다. 예를 들면 지능검사와 적정검사의 상관관계가 +1.00으로 완전한 상관이라면 이 검사는 구인타당도가 높다고 할 것이다.

2. 신뢰도(Reliability)

타당도가 '무엇'을 재고 있느냐의 문제와 관계되는 데 반하여 신뢰도란 그 검사가 측정하려는 대상을 얼마나 정확하게 측정하고 있는가의 정도를 말하는 것으로 '어떻게(how)' 재고 있느냐의 문제와 관계된다. 즉 측정하고 있는 정도에 일관성이 있느냐, 측정의 오차가 얼마나 적으냐의 문제이다. 검사가 믿을 만한 것이라면 측정대상에 변화가 없는 한, 누가 측정하고 몇 번을 측정하건 그 결과는 항상 같게 나와야 한다. 한 검사지를 가지고 잴 때마다 또는 재는 사람에 따라 다른 결과가 나온다면 이 검사는 신뢰도가 없는 것이다. 이처럼 신뢰도는 측정의 일관성과 안정성을 보장하는 것이다. 신뢰도를 검증하는 방법을 약술하면 다음과 같다.[11]

1) 재검사 신뢰도(Retest Reliability)
한 검사를 같은 대상에게 일정한 시간적 간격을 두고 두 번 실시해서 전후 두 검사 결과의 상관계수를 산출하는 방법이다.

2) 동형검사 신뢰도(Equivalent Form Reliability)
검사문항이 동질적인 내용으로 구성된 두 개의 동형검사를 같은 대상에게 실시하여 신뢰도를 산출하는 방법이다. 이는 시간적 요인(기억·연습에 의한 변화)을 감소시킴으로써 재검사 신뢰도보다 바람직하다.

---

11) 황정규, 전게서, pp.71~78.

3) 반분 신뢰도(Split Half Reliability)

한 개의 검사를 어떤 대상에게 실시한 후 이를 적절히 두 부분으로 나누어 독립된 검사로 취급하여 이들의 상관계수를 산출하는 방법이다.

이는 재검사 신뢰도가 부적당하거나 동형검사를 만들기 어려울 때 사용할 수 있는 편리한 방법이다. 이 방법에 사용되는 Spearman—Brown 공식은 다음과 같다.

$$※R = \frac{}{]}\quad \begin{array}{l} R: \text{두 부분을 합친 전체 신뢰도 계수} \\ r: \text{두 부분의 상관계수} \end{array}$$

4) 문항내적 합치도(Inter—Item Consistency)

한 검사 속에 있는 문항 하나하나를 모두 한 개의 독립된 검사로 간주해서 각 문항 간의 상관도를 내어 그것을 종합하는 방법이다.

3. 객관도(Objectivity)

객관도란 검사자(채점자) 신뢰도라고도 하는 것으로 이것은 채점자에 의해서 결정되는 일종의 신뢰도라 할 수 있다. 가령 하나의 답안지를 놓고 A 교사는 100점, B 교사는 90점, C 교사는 60점으로 채점하였다면 거기에는 객관성이 전혀 없는 것이다. 따라서 객관도란 검사의 채점자가 주관적인 편견을 갖지 않고 객관적인 입장에서 얼마나 일관성 있고 공정하게 채점하느냐가 문제이다. 객관도를 높이는 방법을 들면 다음과 같다.[12]

---

12) 박상호 외, 전게서, pp.58~59.

첫째, 평가도구 자체를 객관화시켜야 한다. 평가도구 자체가 비객관적이고서는 객관도를 높일 수 없는 것이다. 따라서 가능한 한 필답검사도 객관식 문항으로 작성되어야 하며 논문형의 경우에도 반응에 제한을 두고 문항을 구성하여야 하는 것이다.

둘째, 평가자의 소양을 높이는 일이다.

교사는 교과목의 내용만을 잘 알고 가르치는 것만으로 교육이 끝난 것도 아니며 그의 임무와 책임을 다했다고 볼 수도 없다. 교사는 평가하는 내용에 대한 충분한 이해, 인간행동에 대한 조작적 의미의 파악, 평가의 기술에 대한 전문적인 지식이 있어야 평가의 객관성을 올릴 수 있는 것이다.

셋째, 평가자의 주관적 요인이 되는 인상·편견·감정·추측 등을 최소한으로 줄여야 한다. 인간이기에 이러한 주관적 요인을 완전히 제거하기란 쉬운 일이 아니지만, 이성과 노력 여하에 따라 최대한으로 줄일 수 있는 일이다.

넷째, 가능한 한 비객관적 평가도구는 여러 사람이 공동으로 평가해서 그 결과를 종합하는 것이 객관성을 높일 수 있다.

4. 실용도(Utility)

실용도란 하나의 검사도구가 얼마나 경비와 시간·노력 등을 적게 들이고 소기의 목적한 바를 달성할 수 있느냐의 정도를 나타낸다. 아무리 이론적으로 이상적이고 훌륭한 검사도구라 하더라도 실제 사용하기가 복잡하고 비용·시간·노력이 많이 든다면 그 활용가치는 없는 것이다. 따라서 실용도 있는 평가도구가 갖추어야 하는 점을 들어

보면 다음과 같다.[13]

첫째, 평가실시의 용이성이다.

뭐니 뭐니 해도 우선 실시하기가 쉽게 평가도구가 제작되어야 한다. 일반적인 표준화 검사·지능검사 등은 신뢰도·타당도는 대단히 높으나 그 실용도에 있어서는 대단히 낮은 검사라 할 수 있다.

둘째, 채점의 용이성이다.

평가도구는 채점하기가 쉬워야 한다는 것으로, 채점을 쉽게 하는 데는 평가도구의 객관성, 알맞은 채점판, 완전한 채점방법의 세 가지 요건이 구비되어야 한다.

셋째, 해석의 용이성을 들 수 있다.

평가의 결과를 보고 그것이 학생의 어떤 행동근거를 평가한 결과라는 것을 쉽게 해석할 수 있어야 하며, 그 결과가 유효적절하게 활용될 수 있어야 한다.

넷째, 비용과 검사 체재 문제이다.

가급적이면 비용이 적게 드는 평가도구여야 하며, 검사의 체재는 검사받는 입장에서 동기유발에 영향을 미칠 수 있는 깨끗한 활자와 잘 짜인 편집, 아름다운 장정이 되어 있는 검사라야 한다는 것이다. 알아보기 힘든 활자, 오자투성이의 평가도구에서 좋은 반응을 기대하기는 어렵기 때문이다.

이상에서 좋은 평가도구가 갖추어야 할 기준에 대해서 간추려 고찰해 보았는데 논자에 따라 문항곤란도(item difficulty), 문항변별도(item discrimination) 등을 더 포함시켜 설명하기도 한다.

---

13) 황정규, 전게서, pp.86~88.

그러나 일반적으로 좋은 평가도구의 기준으로 기초가 되는 것은 타당도와 신뢰도라고 할 수 있으며, 그다음 2차적인 것으로 객관도와 실용도를 들고 있는 것이 보통이다.

V. 평가의 방법

교육평가를 효과적으로 하기 위해서는 먼저 평가도구를 제작하고 그 평가방법(도구)에 정통해야 한다. 여기에서는 교사가 스스로 작성하는 지필검사(paper-pencil test)와 전문가에 의한 표준화검사, 그리고 이러한 평가도구의 검사에서 나온 성적의 표시방법에 관해서 그 요점만 간단히 살펴보기로 한다.

1. 지필검사(Paper-Pencil Test)

지필검사의 유형은 크게 나누어 서답형(supply type)과 선택형(selection type)으로 구분되며 이 양자는 다시 세분하여 구분할 수 있다.[14]

1) 서답형(supply type)
주어진 검사문항에 대하여 정답을 재생하여 기입하는 방법으로 흔히 주관식 또는 논문식으로 불리며 다음과 같이 세분한다.
① 단답형(short-answer type)
② 완결형(completion type)

---

14) 김호권 외, 전게서, p.97.

③ 논문형(essay type)

이러한 문항형식의 예를 들면 다음과 같다.

① 단답형(short-answer type)

　예) 우리나라의 헌법이 제정된 날을 무엇이라고 하느냐?

② 완결형(completion type)

　예) 공기는 약 (　)의 산소와 약 (　)의 질소의 혼합물이다.

③ 논문형(essay type)

　예) 계절풍의 특징은 무엇이며, 그것이 농업에 미치는 영향을 설명하라.

2) 선택형(selection type)

검사문항의 여러 답지 중에서 정답을 선택하는 것으로 흔히 객관식이라 불리며 다음과 같이 세분한다.

① 진위형(true-false type)

② 배합형(matching type)

③ 선다형(multiple-choice type)

④ 배열형(re-arrangement type)

이 문항형식의 예를 들면 다음과 같다.

① 진위형(true-false type)

　예) 다음 문장이 맞으면 ○표, 틀리면 ×를 하라.

　　・우리나라의 실학은 중국의 주자학의 영향을 받아 발전했다. (　)

② 배합형(matching type)

예) 지시: 다음 A 군과 가장 관계있는 것을 B 군 중에서 골라 그
기호를 A 군의 뒤에 있는 괄호 속에 기입하여라.

         A   B
① 칸트(   )   ㉠ 순수이성비판
② 코페르니쿠스(   )   ㉡ 실용주의
③ 토템(   )   ㉢ 실존주의
④ 벤담(   )   ㉣ 원시인
⑤ 듀이(   )   ㉤ 공리주의
⑥ 플라톤(   )   ㉥ 지동설
                           ㉦ 이데아

③ 선다형(multiple-choice type)
   예) 자기에게 알맞은 직업이 무엇인지를 알아보려면 어느 검사
   가 가장 좋으냐?
   ⓐ 지능검사   ⓑ 학력검사   ⓒ 흥미검사   ⓓ 적성검사

④ 배열형(re-arrangement type)
   예) 다음 사항을 연대순으로 배열하라.
   ⓐ 3·1운동   ⓑ 갑오경장   ⓒ 살수대첩   ⓓ 귀주대첩

   그러면 이러한 문항형식은 각각 어떠한 장점과 단점을 갖는지 비
교해 보면 위의 표와 같다.[15]

---

15) 상게서, p.98.

서답형 검사와 선택형 검사의 비교

	서답형	선택형
측정하는 학습결 과의 목표유형	지식을 재는 데는 비효과적이지만 이해력·적용력 및 분석력의 학습결과에는 적합하다. 그러나 종합력이나 평가력 수준의 학습결과를 재는 데 더 적합하다.	목표분류상으로 보아 지식·이해력·적용력 및 분석력 수준에서는 적당하지만 종합력이나 평가력과 같은 학습결과를 측정하는 데는 부적당하다.
내용의 표준	문항 수가 비교적 적기 때문에 다루게 되는 범위가 좁아지며 따라서 교과내용의 표준이 잘되기가 어렵다.	문항 수가 많기 때문에 다루게 되는 범위가 넓으며, 따라서 교과내용을 고루고루 잘 대표할 수 있게 표준할 수 있다.
문항의 준비	훌륭한 문항제작이 어렵긴 하지만 선택형만큼 어렵지는 않다.	훌륭한 문항을 제작하기란 어려울 뿐만 아니라 시간도 많이 걸린다.
채점	주관적이며 어렵고 신뢰도가 낮다.	객관적이며 간단하고 대단히 신뢰도가 높다.
점수에 작용하는 요인	작문력과 읽기	증서능력과 추측
학습에 대한 가능한 효과	자기 자신의 생각을 조직하고 종합하며 표현하는 것을 격려해 주게 된다.	다른 사람들의 생각을 기억·해석하고 분석하는 것을 격려해 주게 된다.

2. 표준화검사(Standardized Test)

1) 표준화검사의 의미

표준화검사란 개인의 능력이나 특성 등을 일정집단의 규준(norm)과 비교하여 어느 정도의 위치에 있는가를 파악하고자 하는 것으로 타당도와 신뢰도도 높으며 교사제작검사와는 달리 일정한 규준(norm)에 의해서 전문가가 제작하는 공식화된 검사라는 데에 그 특징이 있다. 따라서 표준화검사는 전국에 있는 학교의 공통된 교육목표를 기준으로, 전국의 아동, 학생의 학력·지능 등의 성적을 자교학생의 성적과 비교하여 검토하는 데 그 교육적 의의가 있는 것이다.

2) 표준화검사의 종류

여러 가지 입장과 관점에 따라 분류할 수 있으나 일반적으로 다음과 같은 종류로 구분한다.

① 지능검사(intelligence test)　　② 학력검사(achivement test)

③ 적성검사(aptitude test)　　　④ 성격검사(personality test)

이 중에서 학력검사는 그 나름대로의 특징을 이용하여 교사제작검사와 표준화검사를 병용해서 사용하기도 한다.

3) 표준화검사와 교사제작검사와의 차이점

표준화검사와 교사제작검사 및 기타의 비공식적으로 제작한 검사들과는 여러 가지 측면에서 다음과 같은 차이점을 들 수 있다.[16]

첫째, 교사제작(작성)검사는 교사 개인이나 집단에 의하여 작성되지만 표준화검사는 고도로 훈련된 교과 또는 평가전문가들에 의하여 작성된다.

둘째, 표준화검사는 대부분의 경우 개인이나 집단의 평가결과를 해석할 수 있는 규준(norm)이 있으나, 교사제작의 검사는 이러한 규준이 없다.

셋째, 교사제작검사는 작성절차가 간단하지만 표준화검사는 그 작성절차에서 반드시 예비검사의 절차를 거친다.

넷째, 교사제작검사의 실시는 실시의 방법 자체가 엄격히 규정되어 있지 않지만 표준화검사는 실시방법 자체가 표준화되어 있다.

다섯째, 교사제작검사의 도구는 대부분의 경우 특정집단에 한하여

---

16) 김종서 외, 전계서, pp.336~337.

사용하지만 표준화검사는 전국적 수준에서 광범위하게 사용할 수 있다.

여섯째, 교사제작검사는 학력검사가 주류를 이루고 있는 데 비하여, 표준화검사는 학력검사·지능검사·성격검사·적성검사 등 다양하다.

일곱째, 교사제작검사에 비해 표준화검사는 타당도·신뢰도·객관도가 높다.

3. 성적표시 방법

최근 우리의 교육현장에서 흔히 사용되고 있는 성적표시의 방법에는 ① 원점수(raw score), ② 등위점수(rank-order grade), ③ 백분위점수(percentile score), ④ 표준점수(standard-score) 등이 있다.

1) 원점수

검사결과를 채점해서 얻은 점수 그대로를 가리킨다. 원점수는 소점이라고도 하며 보통 문항 수를 만점으로 한다. 예를 들면 객관식 문항 50개를 출제한 가운데 35개를 맞혔다면 원점수(소점)는 35점이 되는 것이다.

2) 등위점수

원점수에 따라 최고점에서부터 1, 2, 3…… 등으로 한 집단의 서열을 정하는 것으로, 즉 석차를 말한다.

3) 백분위점수

근본적으로 등위점수와 같은 것이지만, 이것은 한 점수가 분포상에서 서열로 따져 몇%의 위치에 속하는가를 표시하는 등위점수이다. 즉 학생 수를 100으로 보았을 때 어떤 학생의 점수가 어느 등위에 위치하고 있는가를 알아보는 것이다. 이 점수는 다른 집단이나 다른 백분위점수와 상호 간 비교를 할 수 있다는 것에 특징이 있으나, 동일 척도가 아니기 때문에 가감승제가 불가능하다. 예를 들면 어떤 검사에서 전체 사례 수가 1,000명, 원점수 55점 이하에 350명이 있었다면 55점에 대한 백분위는 $\frac{350}{1,000} \times 100 = 35.00\%$가 된다.

4) 표준점수

모든 측도 가운데 가장 신뢰도가 높고 타당한 측도로서 이용과 해석이 편리하다. 표준점수는 한 개인의 득점(X)이 표준편차(SD 혹은 σ)로 따져 보아 평균치(M)에서 얼마나 떨어져 있는가를 나타내는 점수로서 Z-점수, T-점수, H-점수, Stanine 척도 등이 있으나 여기서는 Z-점수와 T-점수에 대해서만 살펴본다.

① Z-점수(Z-score): 편차($x = X - M$)를 그 분포의 표준편차(σ)의 단위로 나눈 척도이다. 즉 원점수를 M=0, σ=1인 척도로 바꾸어 놓은 것이다. 계산공식은 다음과 같다.

$$Z = \frac{x}{\sigma} = \frac{X - M}{\sigma}$$

Z: 표준점수
X: 개개인의 점수
M: 개인이 속하는 집단의 평균치
x: 편차
σ: 표준편차

즉, Z-점수를 계산하기 위해서는 우선 원점수분포의 평균치와 표준편차를 알아낸다. 그리고 상대적 수준을 알아보고자 하는 사람의 X 값을 알아내면 Z-점수를 얻을 수 있다.

예를 들면 어떤 학생의 영어성적이 40점이었다고 하면, 이때 학급평균이 64이고 $\sigma = 15$였다. 이 학생의 Z-점수는

$$Z = \frac{46-64}{15} = \frac{-24}{15} = -1.6$$

이렇게 얻어진 점수는 정상분포곡선의 원리에 따라 해석解다.

② T-점수(T-score): 평균점수(M)를 50으로 잡고 표준편차(σ)를 10으로 환산한 척도로서 공식은 다음과 같다.

$$T = (\frac{X-M}{\sigma})10 + 50 = 10Z + 50$$

①의 예에서 $M=64$, $\sigma=15$인 영어성적에서 40점을 받은 학생의 Z-점수는 -1.6인 것을 알았다. 그러면 T=(-1.6)×10+50=34가 됨을 쉽게 알아낼 수 있다.

T-점수는 Z-점수의 단점을 개선할 수 있을 뿐만 아니라 100점이란 개념과도 통하는 면이 있어 평가에서 많이 사용된다. T-점수는 Z-점수에 10을 곱하고 다시 50을 더한 값이기 때문에, 이것은 결국 Z-점수를 직선 이동한 것에 지나지 않는다.

5) 문자점수(Letter Grade)

하나의 검사결과를 '수·우·미·양·가'와 같은 문자로 표시한 것을 문자점수 또는 자구점수라고 한다. 우리나라에서 가장 많이 쓰이는 방법으로서 검사결과를 수·우·미·양·가로 평가하는 방법인데 이것을 5단계 평가법이라고도 한다.

이와 같이 검사결과를 5단계 품등으로 표시하려고 할 때는 우선 각 단계에 배당될 전체 사례수의 %, 즉 백분율을 결정해야 한다. 각 단계에 몇%의 사례수를 배당할 것인가에 대해서 일률적인 방법이 있는 것은 아니다. 그런데 문자점수척을 이용할 때 반드시 조심해야 할 것이 있다. 원점수에 어떤 의미 있는 기준을 정해 두고 거기에 따라서 단계별 문자점수를 매기는 것은 절대로 피해야 한다.

극단적인 예를 든다면 어떤 검사는 아주 쉬워서 전원이 90점 이상을 받아서 수(A)를 받을 수 있는가 하면 어떤 검사는 지독하게 어려워서 90점 이상 되는 사람이 한 사람도 없기 때문에 따라서 전원이 수(A)를 받지 못하는 일도 얼마든지 있을 수 있기 때문이다.

평생교육

Ⅰ. 평생교육론의 등장

우리나라에서 처음으로 평생교육이라는 개념이 공식적으로 학술회의상에서 거론되기 시작한 것은 1973년 8월 유네스코(UNESCO) 한국위원회가 주최한 춘천에서의 '평생교육발전 세미나'에서부터라고 할 수 있으나 학계에서는 1960년대에 들어와 자주 토론 대상이 된 논제 중의 하나였다.

평생교육(lifelong education)이라는 개념이 국제적인 용어로 공식 채택된 것은 1972년 일본(도쿄)에서 개최되었던 제3차 성인교육세계회의(The 3rd World Adult Education Conference)에서였다. 유네스코가 주최한 이 성인교육전문가들의 회의는 제1차로 1949년 덴마크(Elsinore)에서, 제2차는 1962년 캐나다(Montreal)에서, 그리고 1972년에는 일본(도쿄)을 거쳐 오는 동안 세계 각국 국민들이 가지고 있던 전통적 교육관을 타파하고 전 생애를 통해서 개인의 경험을 전면적으로 다루는 각종 교육의 연계성을 종합적으로 고찰해서, '교육의 전체성'을 파악하고 강조하게 되면서 평생교육이란 말이 국제적으로 풍미하기에 이르렀다.

앞으로의 교육 특징은 종래 성인교육과 같이 박애적 동기에서 출발한 보충적 성격의 교육(remedial education)으로 파악될 것이 아니라 현대사회의 도전을 극복할 수 있는 '힘'을 국민 각자에게 길러 주기 위해 실시하는 생존을 위한 교육이어야 한다는 견해가 지배적이 된 점을 들 수 있다. 또 이제부터의 교육은 종래와 같이 학교교육과 학교 외 교육을 구별함으로써 이 중 학교교육을 마친 다음에 실시하는 기껏 추가적인 성격의 교육(further education)으로 좁게 볼 것이 아니라, 모든 단계의 교육을 통합해서 평생 동안 계속되어야 할 하나의 계속적인 과정(continuous education as the life-long process)으로 파악하여야 한다는 견해 등이 국제적 동조를 얻게 되었다는 점을 들 수 있다.[1]

이리하여 1976년에 제정된 미국의 평생학습법(the lifelong learning act)[2]이 법정용어로는 최초이고 헌법조항에 '평생교육의 진흥'을 명문화한 것은 우리나라가 세계 최초이다.

Ⅱ. 평생교육의 필요성

평생교육이란 개념에 내포된 핵심적 사상이 부각되기 시작한 것은 19세기 중반 이후부터의 일이다. 영국 산업사회의 정착과 때를 같이하여 대두하기 시작한 근로자들의 교육적 요구에 부응하여 생겼던 선각자들의 교육적 실험이 오늘의 평생교육개념의 태반이었다.

한편 가까이는 제2차 세계대전 이후 항구적인 세계평화를 희구하는 인류의 양심이 그 사상을 실현하기 위한 구체적 방법의 하나로 새로운 교육이념을 모색하기 시작한 데서 평생교육의 정립작업이 출발된 것이라 하겠다.

또한 듀이(J. Dewey), 화이트헤드(A. N. Whitehead), 밀(J. S. Mill), 토인비(A. Toynbee), 그룬트비히(R. A. Grundvig), 버틀러(R. A. Butler), 버크베크(G. Birkbeck) 등은 오래전부터 오늘의 평생교육체제를 뒷받침할 이념적 근거를 그들의 저서와 활동을 통해 보여 주었던 것이다.

---

1) 서울특별시교육위원회, 평생교육, 1981, pp.9~10.
2) R. E. Peterson & Associates, *Lifelong Learning in America*, San Francisco: Jossey-Ban, Publishers, 1980, p.3.

그렇기 때문에 평생교육은 새로운 사상이나 획기적인 교육개혁에서 나온 것이 아니고 새롭게 구안된 개념일 뿐이다.

유네스코는 3차에 걸친 성인교육 세계회의를 추진해 나아가는 과정에서 평생교육개념의 국제적 정립의 필요성을 크게 느껴 이 작업을 위한 실무자 회의로서의 국제성인교육추진위원회(International Committee for the Advancement of Adult Education)를 발족하게 하여 랑그랑(Paul Lengrand)이 작성한 시안을 토대로 평생교육개념에 관한 심의를 했던 것이다. 이 개념의 골자는 네 가지로 되어 있다.

① 교육의 전 과정의 생활화
② 개인의 전 생애를 통한 계속적인 교육
③ 모든 형태의 교육의 통합적 연계조직화
④ 생의 전 기간을 통한 수직적 통합과 개인 및 사회생활의 모든 국면을 포함한 수평적 통합 등

앞에서 말한 바와 같이 우리나라에서 처음으로 평생교육이라는 말이 공식석으로 거론된 것은 1973년 8월 유네스코 한국위원회가 주최한 춘천에서의 '평생교육발전 세미나'에서였으나 실제로는 학자들 사이에 이미 1960년대에 들어오자마자 자주 논의의 대상이 되었다. 이처럼 평생교육의 개념이 빠른 시일 내에 우리나라에 소개되고, 또한 교육학자들이 비상한 관심을 집중케 된 데에는 비단 그 이념적 성격에 대한 공감 외에도 한국의 특수 사정이 있었다.

첫째로, 해방 이후 37년간 우리나라의 학교교육은 세계에서 그 유례를 찾아볼 수 없을 만큼 외형적·양적으로 성장하였으나 교육의 질은 날이 갈수록 저하되고 비인간화함으로써 한국교육은 거의 도덕적 감화력을 상실하는 데 이르렀다. 이러한 교육적 상황을 가져오게

된 요인을 교육개발원 연구팀은 다음의 다섯 가지로 들었다.[3]

① 교육의 양적 폭발에 따르는 질적 저하

② 교원의 자질 및 사기의 저하

③ 교육재원의 제약과 영세성

④ 교육내용 및 방법의 정체와 낙후성

⑤ 교육격차의 심화 등이다.

둘째로, 종래와 같이 획일주의적·독선적·엘리트주의적인 교육체계는 국민의 민주의식의 성장으로 인해 벽에 부딪혔던 것이다. 그리하여 전통적 교육체계에 대신할 수 있는 새롭고 참신한 교육이념의 출현을 갈망하는 소리가 높아지고 있다는 것을 결코 간과해서는 안 될 것이다.

셋째로, 급격히 팽창하고 있는 교육적 수요의 증대에 따라갈 수 없는 국가재정이 한계 상황적 위기의 탈출구로서 평생교육체제의 '모델'이 갖는 경제적 효율성을 인정하게 된 것이다. 특히 요즈음에 와서 산업계 지도층 인사들 간에 평생교육에 대한 관심도가 갑자기 높아 가고 있다는 사실은 매우 중요한 의미를 지닌다고 보아야 할 것이다.

랑그랑(Paul Lengrand)은 평생교육이 필요한 이유를 다음 9가지로 제시하였다.[4]

① 인간의 이상·관습·개념의 가속도적 변화

② 인구의 증가와 평균수명의 연장이 교육의 양적 확대뿐만 아니라 변화를 초래한 점

③ 과학기술의 진보와 산업·직업구조의 변화

---

3) 한국교육개발원, 교육개발의 전망과 과제 1978~1991, 답신보고서, 1978, pp.29~34.

4) Paul Lengrand, 평생교육, 서울: 유네스코 한국위원회, 1972, pp.8~20.

④ 정치의 변동

⑤ 매스미디어의 발달과 정보처리 능력의 필요성 증대

⑥ 여가의 증대와 활용

⑦ 생활양식과 인간관계의 위기

⑧ 현대인의 정신과 육체의 부조화

⑨ 이데올로기의 위기에 있어서 정체감의 혼란

앞에 열거한 내용을 요약한다면 급격히 변동하는 현대사회에서 인간이 겪어야 하는 온갖 도전에 보다 슬기롭게 대처해 나아가기 위한 교육의 기회가 요람에서 무덤까지 재편성되지 않을 수 없다는 데 그 본령이 있는 것이다.

Ⅲ. 평생교육의 개념

평생교육의 개념에서 핵심적인 요소는 통합(integration)의 개념이다. 이 개념에는 수직적 분절화(vertical articulation)와 수평적 통합(horizontal integration)의 양측면을 생각할 수 있다.

이 통합의 개념에는 첫째로, '요람에서 무덤까지'의 전 과정을 유기적인 연결체로 분절화하여 체계화한다는 뜻을 포함한다. 교사는 비단 학교의 교육과정은 물론 그 이전의 유아교육이나 그 후의 성공교육에까지도 하나의 연결된 과정으로 연계시키는 능력을 갖추고 그 교수활동에 임해야 한다는 것이다. 둘째로, 각 학교별·학년별·교과별 등의 두꺼운 벽을 쌓고 운용하였던 지금까지의 운영에서 탈피하여, 서로 연계를 맺어 학습자로 하여금 폭넓은 교양과 균형 잡힌 인간을 기르자는 것이다. 셋째로, 모든 종류 또는 모든 형태의 교육활동이 지향하는 궁극적인 목적을 삶의 질(quality of life)을 향상케 하는 인간적인 가치실현이라는 통합된 목표에 집약하자는 것이다. 이러한 기본전제 밑에서 한국의 평생교육의 개념을 '삶', '평생', '교육'을 연계하면서 그 개념을 정립해야 할 것이다.

우선 다베(R. H. Dave)가 세계 각국의 전문가들의 견해를 모아 요약 정리한 평생교육개념의 20가지 특징은 아래와 같다.[5]

(1) 평생교육이라는 개념의 기초가 되고 있는 술어는 '생(生, life)', '평생(lifelong)' 및 '교육(education)' 등 3개이다. 이러한 술어에 본래부터 부착된 뜻과 그것들에 대해서 내린 해석 여하가 대체로 평생교육의 범위와 의미를 결정한다.

합성어인 '평생교육'이라는 말을 구성하고 있는 세 술어는 좀 더 자세한 설명이 필요하다. '생'과 '교육'이라는 술어는 그 자체가 매우 포괄적이요, 다면적인 용어이기 때문이다.

나라에 따라 그리고 시기에 따라 각기 다르게 쓰이고 있는 이들 술어의 의미의 차이 때문에 실제 운영 면에서의 평생교육이라는 개념의 의미가 여러 가지 양상을 띠게 된다. 또 교육과 학습의 관계에 대해서 그 나라 사람들이 어떤 견해를 가졌는가가 매우 중요하다. 이러한 견해차가 만일 있다면 그것이 곧 '평생교육'과 '평생학습'의 차이를 결정하는 것이다. 한편 '평생'이란 술어도 매우 의미심장한 말인데, 그 이유는 그것이 학습의 시간 폭을 가리켜 주는 것이기 때문이다. 평생교육은 인생의 시각과 더불어 시작되고 생의 종말과 더불어 끝난다. 따라서 평생교육은 인간발전의 모든 단계와 모든 국면, 그리

---

5) R. H. Dave, *Lifelong Education and School Curriculum*(UIE Monographs 1), Hamburg: Unesco Institute for Education, 1973, pp.14~25.

고 각 단계별로 각 개인이 담당해야 할 서로 다른 역할들을 모두 포섭한다.

(2) 교육이란 결코 형식적인 학교교육으로 끝나는 것이 아니라, 전 생애적 과정이다. 평생교육은 '한 개인의 생존기간 전체(entire life span of an individual)'를 커버하는 것이다.

이제부터는 교육을 학교교육과 동의어로 취급해서는 안 된다. 그런데도 실제에 있어서는 부지불식간에 그런 경우가 비일비재하다. 이 뿐만 아니라, 청소년 시절에 획득한 형식교육만으로는 인생의 나중단계에 가서 직업적으로나 교양 면에서의 낙후를 면할 수가 없다. 전 생애를 통해 계획적인 방법으로 사회화 과정을 연장해 나아가야 할 필요성이 날로 절실해지고 있다.

또 급속도로 변화하고 있는 사회 속에서, 어느 면에서는 하나의 새로운 문제라고도 할 수 있는, 세대 간 격차(generation gap)를 메우기 위해서도, 전 생애에 걸친 교육의 연장은 필수적인 요청이 되어 가고 있다. 또 같은 세대 안에서도 고르지 못한 교육기회와 그 밖의 요인들 때문에 파생하는 이른바 세대 내 격차(intraggeneration gap)의 문제가 또 있다. 이것 역시 교육기회를 개방하고, 교육을 어떤 특정 시점에서 끝나지 않는 비종결적인 것으로 함으로써 어느 정도 해결할 수 있는 문제이다. 그렇다고 학교교육을 인생의 마지막 날까지 계속해야 한다는 뜻은 아니다. 이 말의 뜻은 오직 국민들 사이에 배우려는 태도와 습관을 길러 주고, 사회 안에 학습하는 풍토를 조성함으로써, 그 사회를 학습하는 사회, 성장하는 사회로 전환시켜야 한다는 것이다. 형식교육이란 본래 무한정 계속될 수 없는 것이지만, 그럼에도 불구하고 그것이 중요하다는 것은 그것이 한 개인의 인생에 있어 어느 때이건 자각적인 요구에 따라 다시 공부할 수 있게 하는 배움에의 통로가 된다는 사실 때문이다.

(3) 평생교육은 성인교육에만 국한된 개념이 아니다. 그것은 초등교육 전 단계(preprimary), 초등교육, 중등교육 등 교육의 모든 단계를 포섭하며 통합한다. 다시 말해 평생교육은 교육을 하나의 전체로 보려는 것이다.

흔히들 평생교육은 학교나 대학에서의 형식교육이 끝난 다음에 시작하는 교육 또는 성인들을 위한 교육이라고 말하는 경우가 있었다. 몇몇 사람들이 평생교육을 마치 성인시절의 계속교육 프로그램처럼 생각하게 된 배경에는 물론 역사적 이유가 있다. 그러나 오늘날에 와서 평생교육은 오히려 교육의 모든 단계를 포괄하는 개념으로 널리 받아들여지고 있다.

(4) 평생교육은 형식적 유형과 비형식적 유형의 교육(formal patterns and informal patterns of education)의 둘과 계획적인 학습(planned learning) 및 우발적인 학습(incidental learning)의 이 둘을 모두 포함한다.

평생교육 개념의 이런 특성에 의할 것 같으면, 교육이란 이제 제도화한 학습에만 국한될 수 없는 개념이다. 그것은 개인적으로나 사회적으로 스스로 원해서 하는 학습이라면 그 모든 단계와 모든 측면, 그리고 모든 상황을 모두 포함하는 개념이며, 가장 넓은 의미와 내용을 갖는 개념이다.

학교 외 교육(out-of-school-education)이 전체 교육과정과 불가분의 관계이다. 이 학교 외 교육이란 개념의 핵심은 훌륭히 짜인 제도적 학습에서부터 비제도적인 우발적 학습에 이르기까지 어느 것이거나 모든 의도적 학습상황의 전체적 지속을 의미한다는 데 있다.

(5) 평생학습과정을 시작하는 데 있어, 1차적이고 또 가장 민감하면서 결정적인 역할을 하는 것은 가정이다. 이러한 학습은 이른바 가정학습과정을 통해 한 개인의 전 생애에 걸쳐서 지속되는 것이다.

가정이라는 성좌를 구성하고 있는 가족성원 간의 상호 관계, 집안관리의 방법, 그 가족의 생활양태, 그리고 그 가정의 교육적 환경을 구성하는 그 밖의 제 요소들이 평생교육에서는 하나하나 매우 중요하다. 실제로 제1차적 사회제도인 가정이야말로 한 개인의 전 생애를 통해 학습과정을 시작하기도 하고 지속시키기도 하는 교육적 기관인 것이다. 각 개인은 가정 안에서 시간의 경과에 따라 각기 다른 자신의 역할과 저마다의 별자리를 발견하게 마련이다.

(6) 지역사회 또한 평생교육제도에서는 매우 중요한 역할을 한다. 평생교육은 어린이들이 지역사회와 상호 작용을 하게 하는 순간부터 시작하여, 그 교육적 기능을 한 개인의 직업생활과 일상생활 등 모든 영역에서 평생 동안 지속한다.

지역사회(community)라는 용어는 매우 포괄적인 개념이다. 이 말에는 '이웃'을 비롯하여, '또래그룹(peer group)', '혈연그룹(kinship group)', '사회·문화적 그룹'과 '정치적 그룹', '직업그룹', '노동조합' 등등이 모두 포함된다. 이 말은 또 공장과 상점, 공공행정기관 또는 그 밖의 모든 직장들을 포함하고 있는데, 각자는 그 안에서 계획적으로건 우발적으로건 학습을 계속하게 되는 것이다. 이와 마찬가지로 종교기관이나 사회복지단체도 역시 커뮤니티의 개념에 포함된다. 또 신문·라디오·텔레비전과 같은 대중매체도 평생교육과정에서 결정적인 역할을 하는 커뮤니티의 일부이다. 이처럼 평생교육의 과정에서는 모든 영역의 사회구조가 지역사회의 성원 한 사람 한 사람에게 각기 자신과 남들의 발전에 창조적으로 참여할 수 있도록 극히 다양한 학습체제를 마련하는 데 동원되는 것이다.

(7) 학교·대학·연수원 등과 같은 교육기관이 중요하다는 것은 더 말할 나위도 없지만, 그 뜻은 오직 평생교육기관의 한 가지로서 중요하다는 것뿐이다. 오늘날에 있어서는 그러한 교육기관들이 결코 국민교육 기관으로서의 독점적인 지위를 누릴 수는 없고, 사회 안의 다른 교육기관과 홀로 떨어져서는 존립조차 할 수 없는 것이다.

따라서 형식적인 학교교육은 전체 교육의 일부에 불과하며, 그것은 다른 교육기관이나 다른 교육활동과 일체가 되지 않으면 안 된다. 학교처럼 교육만을 위해 특별히 설립된 기관 밖에 존재하면서 실질적인 교육 활동을 하고 있는 여러 종류의 교육기관의 적극적인 참여를 끌어들이지 않고서는 평생교육의 이상이 완전히 실현될 수는 없다. 이런 입장에 서게 되면, 학교나 대학 또는 기타 형식교육기관 등 요컨대 교육만을 위해 특별히 고안된 제도, 교육이 수행해 오던 전통적 역할은 마땅히 재평가되지 않을 수 없게 될 것이다. 평생교육의 장래를 전망함에 있어서는 이른바 형식교육제도와 비형식교육제도가 수행하는 상대적·상호보완적 역할을 분명히 해야 할 것인데, 위에서 든 것과 같은 분석은 그런 목적을 위해 중요한 것이다.

(8) 평생교육은 지속성과 아울러 그 수직적·종적 측면(longitudinal dimension)의 분절화를 추구한다.

인생의 각 단계는 그 단계마다의 최적성장과 성취감의 충족을 위한 학습을 필요로 한다. 그런데 평생교육은 한 걸음 더 나아가 다음 단계에 대비하고, 좀 더 질적으로 높은 수준의 개인생활·사회생활·직업생활을 성취시키려고 애쓰는 것이다. 이러한 목적들을 달성하기 위해서는 교육의 수직적 측면에 상응하는 지속성과 분절화가 필수적이다.

(9) 평생교육은 또 인생의 모든 단계에서의 수평적·심층적 국면(horizontal and depth dimension)의 통합을 추구한다.

원숙한 인격의 발전을 위해서는 인생의 어느 특정단계에서나 그 신체적·지적·정서적·정신적 생활의 여러 면이 통합되어야 한다. 이런 일체화는 또 각자의 개인적·사회적·직업적 역할을 조화 있게 수행하기 위해서는 물론 가장 단순한 것으로부터 가장 복잡한 것에 이르기까지 모든 임무를 가장 만족스럽고 효과적인 방식으로 수행하기 위해 꼭 필요한 것이다.

(10) 평생교육은 엘리트주의적인 교육형태와는 정반대로, 그 성격이 보편주의적이라는 데 있다. 그것은 교육의 민주화를 대표한다.

평생교육의 새 설계도에 따르면 교육이란 이제 소수자의 특권일 수 없다. 모든 사람에 대한 교육통로에 평등관이 인생의 어느 단계에서나 부여되고 그 선발의 주요 척도는 교육을 통해 이득을 받게 될 각자의 능력 여하가 문제 될 것이다. 과거 수십 년 동안 전 세계가 쏟아 온 노력은 주로 초등교육을 보편화하려는 것이었다. 그러나 이제부터 새로운 교육무대에서는 평생교육을 보편화하는 데 힘을 쏟아야 할 것이다. 이런 노력을 경주함으로써 교육 민주화의 씨가 뿌려지고, 그 결과 저마다의 인권이 신장되고 성취될 것이다. 이런 이상이 실현될 때까지 기술적으로 덜 발전한 나라들은 그 밖의 다른 나라들과는 상이한 전략을 세워야 할 것이다.

(11) 평생교육의 또 한 가지 특색은 학습의 내용, 학습의 편견과 그 기법, 학습시간 등이 유연하고 다양하다는 데 있다.

평생교육제도는 단일적·획일적·고립적인 교육제도를 무너뜨린다. 평생교육에서는 학습이 배우는 자의 진도와 시간, 그리고 사람마다 다른 관심영역에 따라 행해지는 것을 허용한다. 또 평생교육은 각개인의 다양한 요구와 사람마다 다른 환경에 맞는 교육을 실시한다. 지식이 확장 발전함에 따라, 학습내용과 형태가 다양화하고, 학습과정도 개별화·자기중심화될 수밖에 없다. 사람들은 자기 자신이 하고있는 학습에 있어, 그 기량이 늘어나고 그에 대한 이해심이 증대함에 따라 자기학습·자기중심적 학습을 하는 면에도 진보가 있기 마련이다. 심지어 어떤 특정 목표달성에 꼭 필요한 그룹 학습 프로그램에서조차도, 각 개인은 학습내용과 거기서 사용할 도구를 결정함에 있어저마다의 발언권을 증대하게 될 것이다. 엄격한 입학조건이라든지, 형식적인 증명서 따위, 이를테면 배우고자 하는 사람들이 저마다 갖고 있는 관심영역별 잠재능력을 최고도로 개발하기 위해 생겨났다고볼 수 없는 선발제도는 좀 더 융통성 있고 개방적인 교육제도로 대체될 것이다.

(12) 평생교육은 새로운 학습자료와 새로운 학습매체 등이 개발되었을 때마다 즉시 그것들을 교육의 현장에 활용할 수 있게 해 주는교육에의 역동적인 접근방식이다.

평생교육은 변화하는 사회의 필요와 톱니바퀴에 물려 있다. 그것은 변화에 민감하고 학습내용이나 교육기술의 새로운 발전을 곧장흡수한다. 그것은 또 모든 사람으로 하여금 저마다 변화하는 세계에적응할 수 있게 해 주는 동시에 스스로 변화의 과정에 창조적으로 참여할 수 있도록 준비한다. 이런 성격은 평생교육의 유연성 및 다양성이 갖는 질의 문제와 밀접한 관계가 있는 것이다.

(13) 평생교육은 교육을 받는 형태와 형식에 있어 무한한 다양성을

띨 수 있다.

이런 성격 역시 평생교육 특유의 유연성·다양성 및 역동성과 밀접한 관계가 있다. 평생교육이 실천 가능한 현실적인 제도가 되기 위해서는 무엇보다도 종래와 같은 전일제적, 제도 내적, 교사중심적 학습형태를 버리고 교육을 받는 방식에 있어서의 대안이 마련되어야 한다. 근자에 와서 개발된 '자기 편리한 시간의 학습(own–time learning)', 샌드위치프로그램, 야간강좌, 공개대학, 라디오와 텔레비전 강좌, 녹화필름수업, 컴퓨터수업(computer–aided instruction) 등이 위에서 말한 새로운 교육형태의 몇 가지 실례이다. 이른바 프로그램 학습이라든지 또는 그 밖의 기술을 활용하는 독립적 개별화 학습(independent individualized learning), 프로젝트 중심의 소집단별 형식적 지도학습(formal and guided learning), 스터디 서클과 같은 소집단 학습과 지역사회의 모임 같은 대규모 집단 내에서의 비형식적 학습, 그리고 기타 여러 가지 학습방법의 결합 등, 다양한 학습방법의 대안들이 교육을 받는 형태에 있어서의 몇 가지 실례들이다. 이처럼, 평생교육개념의 특성 가운데에는 다방면에 걸친 교육적 배려를 새로 마련한다는 것, 여러 가지 형태의 학습전략을 적용한다는 것, 그리고 기지의 것이든 또는 미지의 것이든 간에 하여간 각 개인과 그 국가사회가 요구하고 있는 교육적 필요에 알맞은 새 커뮤니케이션 기술을 채택한다는 것 등 일련의 새로운 조치가 포함된다.

(14) 평생교육은 넓은 의미에서 대체로 두 가지 요소를 갖고 있다. 즉, 일반교양적 요소와 전문적 요소가 바로 그것이다. 이들 두 요소는 서로 완전히 별개의 것은 아니고, 성격상 상호 연관성을 갖고 상호작용을 하는 것이다.

오늘날의 많은 전문직업들은 그동안에 이루어진 과학적·기술적 또는 그 밖의 진보로 말미암아, 어떤 형태로든 서로 직접적인 영향을 받지 않을 수 없게 되었다. 또 전문직업 이외의 직업들도 이러한 변화 때문에 직접적은 아닐망정 간접적인 영향을 받고 있는 것이다. 그 결과, 전문직업의 효율성을 유지하려면 불가불 새로운 학습을 하지 않고서는 안 되게 된다. 그러한 변화가 일어났을 때 필요한 것은 새로운 직업기술의 체득이요, 새로운 태도의 형성이요, 또한 새로운 이해력의 발동이 아닐 수 없다.

그러나 한편 사회·경제적 또는 과학·기술상의 변화는 동시에 국민의 일상생활에도 영향을 미치는 것이다. 예컨대 그것은 사회 안에 새로운 문화를 형성케 하고 새로운 가치체계를 낳게 하여, 생활의 양태를 바꾸게 할 뿐만이 아니라, 평균수명을 늘리고 사람들이 사는 보람 자체를 바꾸게 하는 등 작용을 한다는 것이다. 이 모든 것은, 국민의 일상생활의 모든 면에 걸쳐 새로운 생활기술의 개발과 신앙·태도 등의 수시적인 변용, 그리고 낡은 정보의 쇄신 등을 거의 쉴 새 없이 계속해 가야 할 필요성이 있음을 말해 준다. 이는 곧 일반교양 면에서와 문화 면에서 평생교육이 필수적이라는 것을 뜻하는 것이다. 이러한 교육의 양과 질은 사회적·지역적인 유동성 유무와 경제발전 및 기술사회화의 정도 등 여러 가지 요소에 의해 좌우된다. 그리하여 날로 현대화해 가는 세계적 추세에 적절히 적응하고 급속도로 변해 가고 있는 사회에 창조적으로 참여하기 위해서는 평생교육의 형태도 전문직업적 유형뿐 아니라 일반교양적 유형까지를 포함한 것이 되어야 할 필요성이 날로 더해 가고 있다. 그리고 이러한 평생교육의 기회는 형식적·비형식적 교육기관 모두에서 그리고 계획적인 방법과 우발적인 방법 등 여러 방식을 통해서 그때그때의 실정에 가장 적합한 형태로 주어져야 한다.

(15) 개인과 사회가 가진 적응기능은 평생교육을 통해서만 수행될 수 있다.

평생교육은 비록 그 복잡성의 정도가 시대에 따라 다르기는 했어도 본시 인류의 여명기로부터 계속 행해져 내려왔던 것으로, 그 목적은 적응기능을 수행하기 위한 것이었다. 역사의 어느 시점을 놓고 볼 때에도 사람들은 자기의 일생 동안 반드시 일어나기 마련인 생물학적 변화 때문에는 물론, 또 이른바 적자생존이라는 새로운 생존의 문제를 가져다준 환경적·외적 변화 때문에도 계속적인 학습을 필요로 했었다. 그러므로 청소년 시절에 제아무리 많은 양의 형식교육을 받았다 해도 그것만으로는 전 생애에 걸쳐 적응기능을 발휘하기에는 결코 충분한 것이 될 수 없었던 것이다. 따라서 어떤 형식의 것이든 한 사회 안에서 행해졌던 평생학습과정은 항상 실천적 성격을 띠고 있었다. 그리고 그런 학습은 흔히 무의식적·우발적 문제 중심적인 학습이었다고 말할 수 있다.

그러나 어떤 사회에서는 그들의 평생학습이 좀 더 자연스럽고 힘들이지 않고 받을 수 있는 형태의 것이 되도록, 각종의 관습과 전통 또는 독특한 생활양식을 만들어 냈던 것이다. 그랬던 것이 현대에 이르러서는 어느 사회에서나 쉴 새 없이 빠른 속도로 진행하고 있는 변화로 말미암아 평생교육의 필요성을 무조건 강조할 수밖에 없게 만들었다. 왜냐하면 오늘날에 있어서의 인간생존의 문제는 훨씬 복잡한 성격을 띠게 되어, 그중 특히 어떤 문제는 체계적이고 여러 종류의 학문을 동원한 실제적 접근방법이 아니고서는 다룰 수가 없게 되었기 때문이다.

그 결과로, 모든 사람은 자신의 생리적·심리적인 변화 이외에도 저마다 개별적으로 주위의 사회적·경제적·정치적·산업적·생태적인 변화에 적응해야 한다는 인식이 전 세계적으로 확산되었다. 외부로부터 작용하는 힘에 적응하기 위해서는 먼저 인간의 내면생활의 조정이 필요하다. 따라서 평생교육이란 1차적으로는 자아의 실현, 자기완성, 최고도의 인성발전을 목표로 하는 것이다. 그리고 이러한 목적달성을 위해서는 피동적인 적응만으로는 부족하고, 문화적·직업적·인격적인 성장을 추진하는 과정에 각자의 역량에서 볼 때, 평생교육이 지향하는 이상은 적응능력 이외에, 인간의 창조적 기능의 신장을 크게 강조하는 데 있다 할 것이다.

(16) 평생교육은 또 교정적 기능(corrective function)을 수행한다. 다시 말해 현존 교육제도의 결함을 보완하는 역할을 하는 것이다.

현행 교육제도는 오늘날 준엄한 비판의 대상이 되고 있는데, 그 이유는 여러 가지이다. 즉 생활과 유리되어 있다는 것과 학생들에게 아무런 보람도 느끼게 하지 못하고 있으며, 학습에 염증을 낳게 하고, 지역사회와 유리되어 있으며, 시험만능의 성격을 가지고 있고 학교 밖에서 얻게 되는 경험에 너무 무관심하다 등의 비판이다. 여기에 비해 평생교육은 다음과 같은 역할을 해 줄 것으로 촉망되고 있는 것이다. 즉 평생교육과 학교교육을 하나로 묶어 수평적 지속체로 통합하는 교정적 수단이 될 수 있다.

가정·학교·사회 속에서 산만하게 행해지고 있는 교육을 연계시켜, 가능한 한 최대의 인간적 성장을 위해 수직적 지속체로 만든다. 모든 교육을 장래에 대비한 예과적 성격뿐만 아니라 참여적 성격의 것으로 만든다. 각 개인의 필요와 문제점 그리고 성장 수준에 최대한의 고려를 베푼다. 세대에 뒤떨어진 시험제도·졸업제도·자격증 제도 등을 과감히 바꾸어 가르치는 것보다는 오히려 배우고 익히는 일을 더 중요시한다는 것 등이다.

(17) 평생교육의 궁극적 목표는 삶의 질을 향상시키는 데 있다.

'삶의 질(quality of life)'이란 용어가 담고 있는 의미 내용은 사회마다 다른 가치체계에 따라 좌우된다. 그러한 가치체계는 또 그 사회의 정치제도, 좋은 생활에 관한 관념, 사회적 신앙, 전통, 경제상황 그리고 그 밖의 여러 요소들에 달려 있다.

오늘날, 세계의 여러 나라에서는 아직도 지역에 따라 좋은 생활이 뜻하는 바와 생활조건 등에 많은 차가 있는 것이 사실이지만, 우리가 살고 있는 이 '우주선 지구' 안의 인간사회가 여러 가지 면에서 종전보다는 훨씬 더 가까워져 가고 있는 것은 분명하다. 이런 현상은 새로운 교통·통신 수단의 발달과 여러 국제조직들의 등장, 그리고 그 밖의 여러 요소들의 덕택이라 할 수 있다. 물론 지금 세계의 몇몇 나라들은 아직도 수준 이하를 맴돌고 있는 국민생활을 향상시키기 위해 적어도 최저수준의 기초적 경제성장이나마 이룩하고자 안간힘을 쓰고 있는 반면, 몇몇 다른 나라들은 늘어난 여가시간을 어떻게 좀더 효과적으로 활용할 수 있게 하느냐는 문제에 골치를 앓고 있는 것도 사실이다. 오늘날 세계의 이 같은 엄연한 현실에도 불구하고, 평화에의 보편적인 소망, 기술발전이 초래한 비인간화 경향을 저지하려는 욕망, 그리고 이 지구상에 사는 모든 사람들의 한정된 공유재산이라 할 공기와 물의 오염을 시급히 방지해야 할 필요성 등은 국경을 초월하여 모든 인류가 느끼고 있는 보편적인 갈망이라고 할 수 있다.

따라서 이러한 자각된 필요성과 폭발적으로 늘어 가고 있는 인구 문제, 그리고 자연자원의 무차별적 착취와 같은 여러 요소들이 상승 작용을 하여 오늘날 이 지구상에 사는 인류생활의 질을 대변하는 공동적 가치의 핵심을 부각시키는 중요한 구실을 하고 있는 셈이다. 물론 지역에 따라서는 국민생활의 양상에 몇 가지 변형이 있는 것도 사실이지만, 궁극적으로 오늘을 사는 모든 국민들은 자신의 인간적 선과 사회적 선을 함께 성취하고 그 가치를 선양하지 않으면 안 되겠다는 갈망을 가지고 있다는 점에서 다를 바가 없다. 평생교육도 그 궁극적인 평가는 인류의 이 같은 고매한 이상을 달성하는 데 얼마나 성과를 거두느냐에 달려 있다고 말할 수 있다.

(18) 평생교육제도가 실현되기 위해서는 첫째 기회(opportunity), 둘째, 동기(motivation), 그리고 셋째, 교육력(educability) 등 3가지 요소가 그 전제조건이다.

평생교육제도 아래에서는 일반교육의 영역과 직업교육의 영역 등 전 영역에 걸쳐서 형식적인 학습과 비형식적 활동 그 어느 것이든 할 수 있는 적절한 기회가 제공되어야 한다는 것이 중요한 전제조건이다. 이 같은 여러 형태의 학습을 가능케 하기 위해서는 가정과 지역사회 그리고 교육기관 모두가 그 자체로서 훌륭한 교육적 환경이어야 한다.

이러한 환경 속에서 학습은 가능한 한 자연스럽고, 힘들이지 않고서도 행할 수 있는 것이 되어야 한다. 우발적인 학습기회는 잠간 논외로 하더라도 생애의 어느 때건 학습할 수 있는 충분한 기회를 마련하기 위해서는, 예컨대 공부를 위해 떠나는 자를 위한 유급휴가제, 재교육 프로그램, 현직훈련계획 등 여러 형태의 다양한 배려가 베풀어져야 한다. 일단 이런 기회가 제공되고 난 다음에는 각 개인이 누구나 배우고자 하는 욕망을 가져야 한다. 평생교육은 각자가 한 단계 한 단계씩 자신을 발전시켜 감에 따라 그만큼 더 자학자습중심의 학습형태, 자기중심의 학습형태가 되어 가는 것이다. 그러므로 인격의 모든 면에 걸친 고른 발전을 가능케 하는 다양한 교육기회를 통해서 스스로 이득을 봐야겠다는 강력한 의지가 있어야만 그것이 큰 평생교육을 현실적으로 실시할 수 있게 하는 불가결한 요소라 할 수 있다. 이 점에서 평생교육은 먼저 각 개인의 자각적인 욕구를 불러일으키는 조치가 고려되어야 한다. 또 교육과정 자체가 학습자로 하여금 계속 배우겠다는 동기를 더 한층 느끼게 할 수 있는 것이 되어야만 한다.

평생교육의 이상을 달성함에 있어 교육력의 함양은 제3의 중요한 전제조건이다. 교육력이란 쉽게 말해 학습의 기회가 주어졌을 때 그것을 재빨리 활용할 수 있는 마음의 자세이자 잠재적인 능력이라 할 수 있다. 숙달된 학습기술, 각자가 스스로 자신의 프로그램을 기획하고 실천에 옮길 수 있는 능력, 여러 가지 학습용 도구와 매체들을 유효적절하게 활용할 수 있는 능력, 그룹학생이건 형식교육에서의 인도적 학습(inducted learning)을 통해서건 상호 학습을 최대한으로 활용할 줄 아는 능력, 자신의 성취도를 자체 평가할 줄 아는 능력 등 이 모든 것이 교육력이다. 어떤 의미에서는 교육이란 곧 이러한 교육력의 강화를 위한 과정이고, 또 다른 의미에서는 그 교육력을 활용해서 인생의 여러 단계와 다양한 성장 영역에서 재학습을 행하게 하는 것이 평생교육이라고 할 수 있다.

(19) 평생교육은 모든 교육활동의 조직원리(an organizing principle)이다.

평생교육의 실계도는 이론 면에서 모든 종류의 교육활동에 적응할 수 있는 조직원리를 제공한다. 왜냐하면 그것은 교육의 모든 수평, 모든 형태, 모든 내용을 전체적으로 포섭하는 개념이기 때문이다. 하나의 권리로서 이 개념은 무엇보다도 먼저 인생을 개인·사회·자연환경이 함께 포함된 개념으로 다룬다. 둘째로 그것은 또 전 생애에 걸친 발전과 변화문제를 다룬 개념인데, 이러한 개념 속에는 인간발달의 여러 국면이 모두 포함된다. 또 이것은 모든 사람이 일생 동안 각기 다른 상황과 다른 시기에 수행해야 할 일반적 및 독자적 역할 문제를 다루는 것이다. 교육적 과정을 통한 최적의 발전 및 최적의 변화를 성취하기 위해서는 각기 다른 여러 종류의 교육내용이 담긴 교육기반과 교육과정이 마련되어야 한다는 점을 유의해야 한다. 이런 복잡한 고려를 체계 있게 하나로 묶어 정리하면 평생교육의 이론적 구조도를 그려 낼 수 있을 것이다.

(20) 평생교육은 그것을 실제적인 차원에서 연역하면 모든 교육활동의 전체적 체계도를 제공해 줄 수 있는 것이다.

평생교육 개념의 이론이 실천에 옮겨지면 결국 종합적인 교육제도의 구조를 마련하는 것이 될 것이다. 이런 새로운 교육적 조치는 모든 사람의 전 생애에 걸쳐서 행해질 온갖 형태의 학습제도를 포섭하는 것이 될 것이다. 그러므로 실제적인 관점에서 보면, 평생교육이란 곧 교육제도의 한 가지라고 생각해도 좋을 것이다. 그리고 이 말은 본래 모든 것을 포섭하는 개념으로서의 평생교육의 성격에 비추어 모든 교육을 총괄하는 체계라는 뜻이 되지 않을 수 없다. 평생교육제도의 지도원리는 그 이론적 구조에서 끌어낼 수 있는 것이다. 평생교육제도의 실제 운용구조에는 여러 가지 교육목표의 전체적 복합, 여러 가지 가정들, 가정·학교·지역사회 안에서 행해지는 형식적 및 비형식적 교육의 온갖 양태·기획·구조·조직·재정 등을 모두 망라한 교육 행정, 그리고 교육의 목적·커리큘럼·학습전략·학습의 방법과 매체, 평가 절차까지를 망라한 온갖 교육기술을 모두 포함한다. 이론적 구조를 곁들인 실제 운영 면의 연관구조는 평생교육을 전체적으로 투시할 수 있는 것이 되어야 할 것이다.

Ⅳ. 평생교육의 전망

"국가는 평생교육을 진흥하여야 한다"라고 우리나라 헌법에서 규정하였으나 아직까지 제도적으로 구체화되지 못하였고 이를 밑받침할 사회교육법도 아직 심의 중에 있다. 또 사회교육에 대하여 각 부처의 관심은 높을수록 좋으나 지나치게 분산 운영되어 있는 실정은 앞으로 재조정이 시급한 과제 중의 하나이다.

이에 더하여 전 국민은 각계각층에서 그 분야에 대한 전문적 연구를 계속하지 않으면 그 분야에서 그 개인이 존립할 수 없는 실정을 절감케 하는 일이다. 계속 공부, 향상 없이는 개인의 존립, 사회의 존립이 불가능하다는 사실을 모두가 보다 실감 있게 느끼도록 분위기를 조성하는 일이 시급하다.

손다이크(E. L. Thorndike)는 "일반적으로 말해서 45세 이상의 사람이라도 누구나 자기는 나이를 먹었기 때문에 학습이 불가능하다고 믿거나 걱정한 나머지 그 무엇인가 학습하려는 생각을 버릴 건 없다. 혹시 학습에 실패했을 경우가 있어도 그것이 직접 연령의 탓인 경우는 드물다"라고 결론지었다. 그의 연구 이후 마일스(W. R. Miles), 존스(H. E. Jones), 하비거스트(R. J. Havighurst) 등에 의해 성인이 65세 내지 70세, 80세가 되더라도 역시 학습의 가능성과 유효성이 있음을 '발달과업과 교육(developmental tasks and education)'을 통해 입증하였다.

결국 남녀노소 할 것 없이 인력의 효율화, 인력의 극대화가 평생교육의 중요한 과제가 된다. 그리하여 효율적 재배분이 가능한 사회를 지향해야 할 것이다.

앞으로 평생교육의 실현을 가능케 하기 위하여 평생교육 체제의 구축이 필요하다. 평생교육 프로그램의 각종 모델이 합리화·과학화·현실화되어 실현될 수 있는 작업에 각 방면의 전문인사의 인력이 투입되어야 할 것이다. 그리하여 평생교육의 거시적 접근과 미시적 접근을 병행하면서 조사연구 활동과 국민계도의 일을 동시에 충족시키도록 기회 운영되어야 할 것이다.

이제부터는 현장교육(on the job training), 현장 외 교육(off the job training), 감독자 교육(supervisor training), 관리자 교육(manager training), 경영자 훈련(administrator training), 간부 양성(executive development program) 등 지금까지 사회통념으로서는 정규교육으로 인정되지 않았던 것들이 학교교육과 함께 등장되고 있다. 지금까지는 학교교육과 비공식적 교육기관과는 거리가 있었으나 앞으로 이 양자 간의 간격은 아주 밀착될 것이 분명하다.

갈수록 팽창하는 교육적 수요의 증대가 획기적인 교육정책의 개혁을 요청하고 있는 지금 우리 국민은 국가에서 무상으로 베푸는 의무교육뿐만이 아니고 유아교육, 청소년교육, 성인교육, 직업교육, 방송통신교육, 주부교육, 노인교육, 지역사회교육 등 여러 형태의 교육을 자신이 원하는 바에 따라 받을 수 있게 하기 위하여 정책적 배려가 연구 검토되고 있으며, 이미 동아문화센터 등에서 점차 시행에 들어 가고 있다.

이제 1980년대를 맞아 미래사회가 요구하는 우리 국민의 자질을 이영덕은 다음과 같이 들고 있다.

① 새로운 지식을 소화할 수 있고 나아가 새로운 지식을 창출할 수 있는 국민

② 변화하는 미래사회의 추세를 예견하여 이에 대처하는 국민

③ 진보적이고 개방적인 정신자세를 갖춘 국민

④ 보편타당적인 가치체제를 수립하고 이를 바탕으로 가치 선택하에 자주적 자기결정 능력을 기르는 국민

⑤ 전 생활에서 미적 추구와 미적 표현능력을 갖춘 국민

⑥ 탁월성을 추구하는 국민적 자질의 일반화가 이루어진 국민

⑦ 이미 받은 학교교육을 바탕으로 평생 동안 교육을 지속하겠다는 열의를 가진 국민

⑧ 과거와 미래, 가족과 국가와 세계, 그리고 예술까지도 현재의 '나' 속에서 통합한 자아통일성을 성취한 시민을 더 많이 길러내는 국민 등을 들었다.

이 과제들은 학교교육만으로는 가능하지 못하고 전 국민을 대상으로, 전 생애를 통해 계속 베풀어지고, 다양한 평생교육 활동이 제도적으로 권장되고, 또 지속적으로 추진되는 과정에서 점차로 접근 성취될 수 있을 것이다. 이를 위하여 각급 학교는 그 나름대로 문화적 심장의 역할을 더 해야 할 것이다.

페스탈로치(J. H. Pestalozzi)는 '생활이 도야한다(Leben ist bildet)'는 말을 주제로 하여 그의 자서전 '백조의 노래(Schwannengesang)'를 엮었던 것이다. 또한 듀이(J. Dewey)의 '교육은 생활이요, 전 생애적인 성

장의 과정'이란 말을 깊이 음미할 필요가 있다.

"모든 교육은 평생교육이고 또 그렇게 되어야 할 것이다(all education is lifelong education or should be)." 그러므로 누구보다도 교원은 스스로의 발전을 위해 그리고 스스로가 맡아 행할 업무의 발전을 위해 끊임없는 평생교육을 수행해 갈 자세를 지녀야 할 것이다.

교육제도

Ⅰ. 교육제도의 의미

교육에 관한 조직·작용·기관 등이 법규에 따라 정립될 때 일반적으로 교육제도라고 한다. 교육제도는 교육정책이 법규에 의해서 구체화된 것인데 그것은 사회생활 및 그 전통 관습을 떠나서는 실질적으로 성립되고 존속할 수 없게 된다. 따라서 교육제도(educational system)는 교육을 행하기 위한 사회적 조직기구라고 말할 수 있다. 그러기에 국민교육을 가장 훌륭하게 실시하기 위해 제정된 교육 실시상의 법적 기제 일체를 의미한다.

여기서 말하는 국민교육은 국민의 권리이며 의무이므로 교육제도는 법률로써 정하여지고 있다. 또한 교육제도는 국민이 이상으로 삼고 있는 교육을 실현하기 위한 기제이며 국가교육의 정책실현을 위한 법적 기구이며 국민교육을 위한 행정조직인 것이다.

이와 같은 교육은 국가의 요구와 사회의 필요성에 의하여 공적으로 운영되는 국민교육제도이기에 거기에는 몇 가지의 원리가 있다.

첫째, 공교육의 원리이다.

교육이 사회의 요구와 국가의 요구에 의하여 이루어질 때 그 사회의 성원이면 누구나 교육을 받을 수 있는 기회를 공적으로 주어야 한다. 이런 이유에서 공교육의 필요성이 요청되며 교육의 자주성이 요청되는 것이다.

둘째, 기회균등의 원리이다.

민주주의는 그 자체가 개인의 자유와 평등을 기본으로 한 체제이기 때문에 모든 국민을 위한 교육의 기회 균등이 주어져야 한다.

교육의 평등이란 교육의 기회 균등을 의미하는 것이니 따라서 교육제도는 교육의 기회 균등이 보장되도록 제정되어야 한다.

셋째, 의무교육의 원리이다.

국민교육의 권리와 의무를 가장 강력하게 나타낸 제도는 의무교육 제도이다. 그것은 국가가 공적으로 학교를 세워야 할 의무가 있고 아동이 국민의 한 사람으로 교육받을 권리가 있음을 규정한 제도이다. 따라서 의무교육 실시는 국민교육제도형성의 가장 근원적인 성립요건인 것이다.

Ⅱ. 교육제도의 유형

1. 교육제도의 규정요인

1) 정치적 요인

어떤 나라이든 그 나라의 정치이념 및 정치체제가 교육제도 및 정책을 결정하며 그것은 곧 교육제도를 직간접으로 결정하는 요인이 된다. 전제국가나 군국주의 국가에서는 복선형의 학교체제가 발전하고 근대적 민주국가에서는 단선형을 취하는 경향이 있다.

2) 사회경제적 요인

사회구조적으로 볼 때 계층적 사회는 복선형의 교육제도를 취하고 있으나 민주사회일수록 단선형을 취하고 있는 것이 일반적 입장이다.

국가의 국민 각층의 경제적 조건의 차이나 가족제도·노동제도에 의하여 복선형을 취하는 근본적 계기가 되는 경우가 많다.

3) 문화적 요인

이는 교육의 문화적 유산의 전달·보존적 기능에 비추어 본 요인이다. 언어정책·문화정책 등 문화시책은 학교체계에 결정적으로 영향을 줄 수 있는 요인이 된다.

4) 교육이념적 요인

교육이념은 학교제도의 형태를 좌우한다. 민주주의적 교육이념은 교육의 기회 균등을 중핵으로 하여 의무교육제도를 구현하고 학교제도의 단선형을 가져오게 한다. 그러나 국가주의적 교육이념은 지도자 양성을 목적으로 하는 등의 학교체계가 성립되는 것이다.

5) 학습자 요인

학습자 요인이란 취학자 그 자체가 학교제도를 직접 규제하는 요인이 된다. 6년제의 중학교를 초급중학 3년, 고급중학 3년으로 나누는 제도도 학습자의 심신발달을 고려한 제도인 것이다. 따라서 제도 자체는 항상 학습자의 능력이나 적성·흥미 등을 고려해서 학교계통이 성립되게 마련이다.

2. 단선형과 복선형

1) 단선형

단선형(single system)이란 초등학교에 입학하여 중등학교를 졸업할 때까지 모든 국민이 원칙적으로 같은 종류의 학교, 즉 동일한 이수연한, 동일한 교육내용을 학습하는 학교에 다니게 하는 민주적 학교

체계를 말한다.

이런 학제는 일찍이 미국에서 발생했기 때문에 '미국형'이라고도 하며 이에 비하여 복선형(dual system)을 '유럽형'이라고도 한다.

단선형은 부국강병을 위한 국가정책과 교육기회 균등이라는 민주 정신의 발로에 따라 모든 청소년의 출생신분, 경제적 계층에 구애됨이 없이 능력에 따라 고루 교육을 받을 수 있는 교육의 기회균등의 정책실현을 가능케 하는 학교체계인 것이다.

복선형의 상대적 개념인 단선형의 이념을 좀 더 구체적으로 설명하면 다음과 같다.

① 모든 국민은 연결된 단일의 학교계제(school ladder)를 거친다.

② 그리고 그 과정의 유일한 척도는 취학자의 연령이라는 의미로 연령 단계형이다.

③ 보통은 초등교육·중등교육·고등교육 3단계를 가진다. 중등교육 또는 고등교육은 계급별이 아닌 교육목적별로 계통화한다.

④ 각 단계의 학교의 교육내용은 각각 다르다 할지라도 다음 단계의 학교 동격의 위치에서 연결된다.

이상 네 가지 특징으로 인해서 단선형은 미국에서 보는 바와 같이 국민의 계층적 분화를 막고 교육을 널리 대중화함으로써 국가발전에 교육이 지대한 공헌을 해 왔다고 볼 수 있다.

2) 복선형

학교제도의 발달과정을 살펴보면 일반적으로 지도층의 학교가 먼저 발달하고 대중층의 학교는 이보다 늦게 지도층의 학교와는 별개의 계통으로 발달하였는데 이것을 학교계통의 이중조직 또는 복선형이라고 말한다. 이와 같이 학교제도의 기본형이 되는 학교계통의 한 형태 또는 그 성격을 호칭하는 용어로서 보통 단선형과 대조적으로 사용되고 있다. 19세기 말부터 20세기에 걸쳐 민주주의에 기인한 기회균등의 원리와 통일학교 운동에 의하여 학교계통이 단선화됨에 따라 복선형의 학교계통은 점차 비판을 받고 단선화의 방향으로 나아갔다. 그러나 전통이 강한 유럽 여러 나라와 기타의 국가에는 복선형이 현재에도 잔존하고 있으며 또 제도상으로 단선형을 원칙으로 하면서도 실제에 있어서는 복선형적으로 하고 있는 경우도 있다.

Ⅲ. 교육행정의 의미

교육행정의 의미를 규명한다 함은 그 본질이 무엇인가를 추궁하여 개념에 대한 정의를 내리는 것을 말한다.

교육행정을 자구상으로 보면 교육에 관한 행정 또는 교육을 위한 행성이라고 말할 수 있다. 교육에 관한 행정이라 하면 보건에 관한 행정, 군사에 관한 행정이라는 말과 같이 행정 활동이라는 커다란 덩어리의 한 부문으로서 교육이라는 한정된 분야에 관한 행정을 의미하는 것으로 볼 수 있다. 즉 행정의 종합성을 강조하려는 입장이라고 하겠다. 이와 반면에 교육을 위한 행정이라 할 때에는 교육활동을 특히 앞에 내세우고 그것을 지원하는 활동으로서의 행정이라는 뜻을 강조하는 것이며 따라서 교육의 자주성을 중시하려는 입장이라 하겠다. 이 두 가지가 다 각각의 뜻을 갖고 있다고 보겠으나 어쨌든 여기에서 문제가 되는 것은 교육이라는 말과 행정이라는 말이 무엇을 의미하느냐 하는 점이다.

교육은 간단히 말해서 인간형성의 작용이라고 한다. 이것은 곧 사회적 목표를 향하여 개인의 능력을 점진적으로 신장발달시키는 작용이라 할 수 있다.[1] 본래 사회적 목표를 향하는 의도적 인간형성 작용으로서의 교육은 특히 현대사회에 있어서는 사회적·공공적·조직적 활동으로 발전하게 되었다.

교육이 사회적이라 하면 교육의 목적·조직·내용·방법 등이 사회적으로 규정되며 교육이 사회적 현상이라는 뜻에서도 그러하다. 교육이 공공적이라 함은 그것이 국가와 공공자치단체의 중대 관심사임을 말한다고 할 수 있다.

우리나라 헌법에 모든 국민은 균등하게 교육을 받을 권리가 있다고 하였고 모두 교육기관은 국가의 감독을 받으며 교육제도는 법률로써 정한다고 규정해 놓은 교육의 공공성을 말해 준다. 조직적이라 함은 교육활동의 규모가 방대하여 그 운영이 계획적·합목적적임을 말하는 것이다.

행정이란 말은 그 말을 쓰는 사람의 입장에 따라 여러 가지로 다르다. 종래에 행정법 학자들은 삼권분립주의사상을 근거로 하여 국가의 작용을 입법·사법·행정 세 분야로 나누어 놓고 입법·사법을 제외한 나머지를 행정이라 불렀다. 또한 정치학자들은 정책의 수립과 그 집행을 구분하여 정치와 행정 사이에 선을 그었다. 그러나 오늘날 국가의 성격이 근본적으로 변혁되고 이른바 복지국가의 개념이 대두됨에 따라서 행정을 극히 소극적으로 파악하려던 행정관에도 큰 변화가 일어나게 되었다. 따라서 현대의 행정학자들은 행정의 개념을 보

---

1) J. Dewey, *Democracy and Education*, 1916, p.115.

다 적극적으로 그리고 광범위하게 파악하려 하며 넓은 뜻에서 행정이란 '조직적 협동 행위' 또는 '공동목표를 달성함에 필요한 협동적 단체행동'이라고 정의하고 있다.[2] 그리하여 행정이란 용어를 널리 경영관리라는 말과 똑같이 생각하며 공공행정(public administration), 기업행정(business administration), 학교행정(school administration), 병원행정(hospital administration) 등 모든 종류의 조직체에 관하여 공동목표 달성을 위한 협동적 단체행동을 행정이라고 부르는 것이다.

이와 같은 견해에 의한다면 교육행정은 교육목표 달성을 위한 협동적·조직적 단체행동을 의미하는 것이며 보다 더 구체적으로 교육활동의 목표를 선정하고 그 목표달성에 필요한 인적·물적 조건을 정비 확립하고 목표달성 활동을 지도·감독하는 것을 말한다.[3]

교육행정이란 개념을 넓은 뜻에서는 학교나 지역사회나 국가를 막론하고 광범하게 쓸 수 있는 것이나 좁은 뜻에서는 국가의 통치작용과 관련시켜서 국가나 공공단체에 한하여 사용하고 학교를 단위로 하는 학교행정 또는 학교관리와 구별하여 말하는 경우도 있다. 따라서 교육활동에 관한 목표 수립, 그 목표 달성을 위한 인적·물적 조건의 정비 및 목표 달성을 위한 지도 감독을 포함하는 일련의 봉사활동을 말하는 것이다. 이상 기술한 내용을 종합하여 교육행정의 의미를 살펴보면 대체로 다음 세 가지로 정의할 수 있다.[4]

첫째, '교육행정을 교육에 관한 행정'이라고 하는 것이다. 즉 국가 통치 작용을 입법·사법·행정으로 구분하고 행정을 다시 내무·외

---

2) 이상조, 신행정학, 정치학총서, 1961, pp.6~16.

3) 안등극웅, 교육행정학, 암기서점, 1956, pp.12~14.

4) 백현기, 교육행정의 기초, 배영사, 1971, pp.13~14.

무·국방·법무·재무로 나누며 내무행정을 다시 보육행정과 경찰행정으로 분류함으로써 교육행정을 보육행정의 한 분야로 보는 것이다. 이러한 정의의 교육행정은 교육법규를 해석하고 그대로 집행하는 것에 중점을 두며 행정작용에 있어 권력적·강제적 요소가 강조된다. 이는 또한 일반행정 과정 속에 매몰되어 교육행정의 전문성을 찾아볼 수 없는 것으로 가장 초보적이며 전통적인 개념에 속하는 것이라 하겠다.

둘째, 교육행정을 '교육을 위한 행정'으로 보는 것이다. 이는 몰맨 (A. B. Moehlman)이 "교수(instruction)가 학교의 최고 목적이며…… 조직과 행정은 교수를 성취하는데…… 수단으로서 고려된다. 행정이란 본질적으로 교육과정(educational process)의 기본목표들을 보다 충분하고 효과 있게 실현하기 위한 봉사활동이며 작용이다"라고 밝힌 바와 같이 교육목적 달성에 이바지하는 수단적 구실을 강조하는 것이다. 이는 어디까지나 교육목적 달성에 주안점을 두며 행정작용에 권력적·강제적 요소가 제거되고 오직 기술적·봉사적 요소만이 중요시된다. 그의 궁극 목적이 교수의 능률증진에 있으며 교육의 전문성과 특수성에 근거한 교육행정으로부터의 분리·독립을 강조하게 된다.

셋째, 교육행정을 '권력기관이 교육정책을 실현하는 과정'으로 보는 것이다. 이는 권력을 성립요소로 하는 점에서 사사로운 기업행정과 구별되며 정책결정과 집권을 아울러 고려하는 입장으로서 순전한 수단적·봉사적 작용과도 구별된다. 다시 말해서 교육행정을 "권력기관이 교육목적을 달성하기 위한 계획을 세우며 그 계획을 구체화하기 위한 실제 작용" 또는 "국가나 지방공공단체가 교육활동에 관한 목표수립·목표달성을 위한 지도·감독을 하게 되는데 따르는 일련의 봉사활동"이라고 정의한 것은 세 번째 범주에 속하는 교육의 공공성, 국가의 교육에 대한 책임을 전제로 하는 교육행정 실제에 가장 접근된 것이라 볼 수 있다.

Ⅳ. 교육행정의 원리

1. 법제 면에서의 기본원리

교육행정의 기본이 되는 교육정책이나 교육제도는 그 대강의 법규 속에 구체화되어 있는 것이 보통이다. 따라서 여기에서 알아보고자 하는 것은 법규 면에 나타나 있는 교육정책이나 교육제도가 교육행정이라는 작용에 대하여 원리·원칙을 제시하고 있는가 하는 것이다.

법제 면에서 이끌어 낼 수 있는 우리나라의 교육행정 원리로서는 ① 법치행정의 원리, ② 기회균등의 원리, ③ 자립성 존중의 원리, ④ 적도집권의 원리 등을 들 수 있다. 이 네 개의 원리는 우리가 민주주의를 지향하는 교육행정의 이념이 법제상에 나타난 것이다.

1) 법치행정의 원리

법치행정이란 모든 행정활동이 법에 의하여 법이 정하는 범위 안에서 이루어져야 함을 말하는 것인데 국가기능에서 입법·사법·행정의 분리로서 행정부의 전단적 권리행사를 막으려는 데서 시작된 것이다. 그런데 오늘날 넓은 의미의 행정 개념에서 정치와 행정의 엄격한 분리가 힘들게 된 것은 사실이다. '광의의 행정이란 협의의 정치', 즉 정책 수립과 협의의 행정, 즉 '수립된 정책의 구체화를 아울러 포함한다'5)고 하는 말에서 알 수 있는 바와 같이 행정은 정책을 집행하는 일뿐만 아니라 일면으로는 어느 정도 정책을 수립하고 입법절차에 참여함으로써 그 자유재량권이 확대되어 가고 있는 것이다. 그러나 이러한 현상은 행정능률을 올리기 위한 한 방법이지 결코 법치행정의 원칙을 위태롭게 하는 것은 아니다. 그런 까닭에 어디까지나 행정은 법의 근본정신이나 취지에 어긋남이 없도록 실시되어야 하는 것이다. 그리하여 교육행정은 헌법의 제 규정을 비롯해서 교육공무원법, 사립학교법 등 제 법률과 그것을 바탕으로 하는 여러 대통령령, 문교부령 및 훈령, 통첩 등에 의거함을 원칙으로 하고 그 해석과 발전에 대해서는 당해 행정조직의 재량 밑에서 이루어지는 것이다.

2) 기회균등의 원리

기회균등의 원리란, "국민은 법 앞에 평등하다"라는 개념을 적용한 원리이다. 우리나라 헌법에는 "모든 국민은 능력에 따라 균등하게 교육을 받을 권리를 가진다"라고 규정되어 있으며 이 헌법의 정신을 이어받아 교육법 제8조에는 "모든 국민에게 그 능력에 따라 수학할 기회를 균등하게 보장하기 위하여" 국가와 지방공공단체는 다음과 같은 사항을 법제화해 놓았다.

① 학교를 지역별·종별적으로 공평하게 배치할 것
② 장학금 제도를 마련할 것
③ 직업을 가진 자의 수학을 위한 정시제 학교를 설치할 것 등
또한 동법 제81조에는 "모든 국민으로 하여금 신앙·사회적 신분·

---

5) 박동서, 한국의 행정상. 신동아(동아일보사, 1965, 10월호), p.77.

경제적 지위 등에 의 한 차별 없이 균등하게 교육을 받게 하기 위하여 다음과 같은 학교를 설치한다"라고 규정하고 여러 종별을 달리하는 학교를 설치함은 모두 이 기회균등을 이룩하려는 법규라 볼 수 있다. 오늘날 의무교육의 확충, 남녀공학의 실시, 특수교육, 통신교육, 성인교육의 추진, 사립학교에까지 일정한 장학금 제도의 장려 등은 모두 기회균등의 원리를 실현하려는 교육행정의 실시임이 분명하다.

3) 자주성 존중의 원리

자주성 존중의 원리란, 교육행정의 중립성과 같은 의미이며 이에 대한 뜻은 앞서 설명한 민주주의화의 준거점으로 고찰해 본 '교육의 자주성 확립'과 동일한 개념이다. 앞서 말한 바와 같이 헌법과 교육법의 정신은 이 자주성 존중의 원리를 밑받침하고 있다.

4) 적도집권의 원리

이 원리는 중앙집권주의(centralization)와 지방분권주의(decentralization) 사이에 알맞은 균형점을 발견하여 가장 이상적인 행정체계를 이룩하려는 원리이다. 앞서 교육행정의 민주화에서 말한 바와 같이 교육행정의 주권은 국민에게 있고 그래서 교육이 진정한 의미의 지방민의 생활이 될 수 있게 하기 위하여 가능한 한 권한을 국민에게 돌려주어야 하는 것은 당연하다. 그러나 지나친 분권주의는 때때로 행정의 능률을 저하시키는 결과를 가져오고 그렇다고 해서 지나친 집권주의는 민주주의의 역동적 제 요인을 제거해 버린다. 그러므로 오늘날 미국과 같이 상승적 구조에서 학교행정 단위가 이루어진 나라에서는 집권적 통제를 강화하여 행정능률을 올리려는 방향으로 움직이고 우리나라와 같이 하강적 구조에서 학교행정 단위가 이루어진 나라에서는 지방분권화의 방향으로 움직임으로써 그 균형점을 찾으려 하고 있는 것이다. 그리고 우리나라의 경우에서도 5·16혁명 이전에 시·군 단위의 교육자치제가 오늘날 특별시·도 단위로 이룩된 것은 지나치게 범위가 넓은 점도 있으나 어떤 의미에서는 균형점을 찾는 순환과정의 일면이라 할 수 있겠다.

2. 운영 면에서 본 기본원리

교육행정의 제 실무에 하나의 규범이 되고 인과관계적 규칙을 이끌어 줄 원리를 연구한 것으로 미국의 모트(P. R. Mort) 교수의 '학교행정의 제 원리'[6]라는 것이 있다. 그가 제시한 제 원리는 우리나라 학교행정의 운영 면에서 적응 가능할 수 있겠으나 여기에서는 이를 바탕으로 한 가장 분명하고 알기 쉬운 몇 가지 원리에 국한하여 우리 교육행정의 운영 면에 지침으로 제시코자 한다.

1) 민주성의 원리

민주성의 원리란 "어떤 기능의 운용일지라도 결정 형성에 민중 참여가 최대한 보장될 수 있는 것이어야 한다"라고 말한 Mort의 정의가 의미하듯이 교육행정의 수립에 있어서 광범한 국민의 참여를 통하여 공정하고 대중적 민의를 반영케 하고 결정된 정책의 집행에 있어서도 합리적 권한의 위임을 통하여 다수인이 정책의 실현에 관심을 갖

---

6) P. R. Mort, *Principles of School Administration*, 1957, McCraw-Hill Co., p.61.

고 함께 참여함을 말한다.

2) 합리성의 원리

합리성의 원리란 교육행정의 모든 과정이 합리성 있게 운영되어야한다는 것인데 말하자면 바람직한 교육계획을 세우고 그를 운영하는절차에서 상식(common sense)과 균형판단(balanced judgement)을 가진사람이 이치에 맞도록 조장적·협동적 제 활동을 전개하는 것을 말한다. 이 합리성의 원리는 합목적성의 원리 또는 "두뇌에서 우러나오는 지적이며 실용적인 성공을 이룩하기 위한 질의 원리", 즉 분변의원리군(prudential principles)과 상통하는 면이 있다.

3) 능률성의 원리

능률성의 원리는 모든 합리적인 활동에 있어서 공통적으로 강조되는 하나의 경제적 원리라고도 할 수 있다. 다만 일반 경제원칙과 다른 것은 교육행정의 능률성은 장기적이며 무형적인 성과를 더 중시하며 또한 사적 경제보다도 사회적 능률을 중시하는 데 있는 것이다.그렇다고 해서 이 능률성의 원리는 민주성의 원리를 희생시켜서까지적용될 수 없는 것이며 양자 간의 적절한 균형이 이루어져야 한다.

4) 적응성의 원리

적응성의 원리란 "새로운 사태를 충족시킬 수 있게 변화하는 유기체의 능력"을 말한다. 여기서 말하는 적응이란, 모든 형태의 변화를전부 말하는 것이 아니라 좋은 결과와 더불어 진정한 필요를 충족하게 하는 변화를 말한다. 가치 있는 사회변화에 순응할 뿐만 아니라 사회변화(정치형태·이념·교육사조·교육제도 등)를 질서 있게 통정·조화시킬 수 있기 위해서는 이 적응성의 원리는 큰 역할을 담당할 것이다. 또한 이 적응성의 원리는 시대적 변화에 적응하는 것뿐 아니라 공간적 변이에 적응하는 것도 고려해야 하며, 획일적인 통제보다 환경과 특수한 장면의 특수성에 알맞도록 구조해야 함은 바로 이 이치 때문이다.

5) 안정성의 원리

안정성의 원리란 그 민족이 성취한 문화유산의 보전을 의미하며 계속되어야 할 가치로 생각되는 것의 상속을 보호하는 일과 관련된다. 옛것이라고 해서 무조건 낡고 쓸모없는 것이 아니다. 그리고 새로운 것이 모두 가치 있고 신기한 것은 아니다. 해방 이후 급진적인 외래사상의 무비판적 수용 혹은 사회·정치·경제 등의 혼란스러운 변화 등에 의하여 교육행정에 있어서 제도정책의 조령모개식 변화와 이로 인하여 우리에게 전해 내려온 가치 있는 교육이 무엇인지조차 망각할 단계에 놓여 있는 우리의 현실에는 이 안전성의 원리가 주는 의미가 지대하다고 볼 수 있다. 이 안전성의 원리는 적응성의 원리와 상극되는 것처럼 보이나 이러한 문제는 균형적 판단에 의해서 적절히 극복되어야 할 문제이다.

혹자는 균형적 판단의 원리를 첨가하기도 하나 Mort가 말한 상식이나 균형판단은 원리가 아니라 원리 이면에 스며들어야 할 가치 있는 사고작용에 해당되는 것으로 영양소에 비유한다면 비타민과 같은 것이다. 그러므로 본서에서는 이 다섯 가지 원리로 설명을 끝맺는다.

V. 교육행정조직

1. 교육행정조직의 개념과 원리

조직이란 개념은 어떤 특정목적을 달성하기 위하여 어떤 개개의 구성원이 유기적인 연관성을 가지고 결합하며 그 집단 내부에서 각종 기능을 형성하고 집합체로서의 계통을 세워 각기 부여될 또는 수행할 특정의 목적을 위한 기능을 정하여 일정한 질서와 체계를 유지 형성하는 구조를 말한다. 즉 조직이란 일정한 질서와 체계를 유지하고 결합되는 인적·물적 결합형태라고 할 수 있을 것이다. 따라서 행정조직을 결정하는 요인으로서의 조직의 기초는 정치적 요소, 기술적 요소 그리고 인적 요소가 있다. 즉 국가의 행정조직은, 그 국가를 지배하고 있는 정치이념이 자유민주주의일 때에는 입법기관을 통하여 법률로써 제정되고 그 범규에 의하여 그 조직이 비로소 구체화되며 정치적 의미의 분권적 행정조직을 갖게 되며, 독재주의나 군국주의일 때는 독재적·중앙집권적 행정조직이 되는 것이다. 이와 같이 조직을 형성할 때는 그 국가 사회의 정치적 영향력이 작용되는 것이다.

또한 행정조직은 어디까지나 해정업무의 효율적 목적달성을 목표로 하기 때문에 고도의 기술성을 요청하게 된다. 목적달성을 위한 수단으로서의 조직은 항상 그 목적을 합리적·효율적으로 실천할 수 있는가 하는 것을 분석·검토하여 변화하는 상황에 적응되는 융통성 있는 조직이 되지 않으면 안 된다. 다음으로 행정조직은 그 조직을 운영하는 주체로서의 인간의 심리적 요인이나 행정능력과 같은 인적 요인을 생각지 않을 수 없다.

조직이란 공동목적을 달성하기 위한 인적 결합 내지 인간의 협동체이므로 행정조직은 거기에 관여하는 인적 요소의 유용가치, 즉 어떤 사람을 어떠한 곳에 배치함으로써 가장 능률적이며 효율적인 업무를 수행할 수 있는가 하는 문제가 된다.

위의 세 가지 요인이 오늘날 행정조직을 형성함에 있어 가장 중요시되는 요인들이다. 오늘날 민주주의 국가에 있어서의 행동조직은 행정의 주체나 객체가 동일하다는 민주주의 원리에 따라 선거에 의한 기관구성, 합의제에 의한 의사결정, 명예직 공무원에 의한 기관담당 등이 원칙이다. 그러나 행정조직의 특수성, 즉 행정의 수단으로서의 신속성, 책임성 등이 요구됨으로써 행정조직은 임명과 단독제, 그리고 전문직 공무원 제도 등이 채용되고 있다. 그것은 결국 정치적 요인과 기술적 요인과의 중화작용으로서 현대행정의 특징을 이루고 있다. 이와 같이 행정조직이 형성되는 데에도 몇 가지 원칙 또는 원리가 있는데 그것을 소개하면 다음과 같다.

1) 중앙집권제와 지방분권제

이것은 행정조직에 있어서 권한과 책임을 중앙관청에 집중하느냐, 지방에 이전시켜 그 책임과 권한을 증대시키느냐에 의한 구분이다.

중앙집권제는 강력한 통제력과 지휘감독권이 중앙에 있어서 행정기능의 통일과 강력한 행정 집행을 함으로써 능률을 향상시키자는 데 목적이 있다. 그러나 중앙집권제는 비민주적인 관료적·전체적·획일주의의 위험이 있다.

지방분권제는 행정활동의 중심을 지방에 둠으로써 지역사회의 특수성과 지방민에 의한 행정이 가능할 수 있고 주체성이나 독자성을 구현할 수 있다는 것이다. 그러나 행정의 능률적인 집행이나 통일성을 기하기 어렵다는 난점이 있다. 따라서 오늘날에는 극단적 중앙집권제나 지방분권제를 피하고 적절한 균형을 얻어야 한다는 적도집권(optimum centralization)이란 원리가 인정되고 있는 것이다.

2) 통합과 분립

이 원리는 행정조직 내에서 요구되는 질서의 확립을 목적으로 한 것이다. 통합의 원리는 행정조직을 피라미드형으로 하여 최고 책임자의 의사나 결단이 효과적으로 신속 정확하게 최하위 구조에까지 전달 집행되도록 하는 것이다. 대표적인 예로 군대조직에서 볼 수 있는 바와 같은 명령 지휘계통의 일원화인 것이다.

다음으로 분립의 원리는 권한과 책임을 분할함으로써 부당한 정치적·관료적 세력과 통제에서 독립함으로써 합리적이고 능률적인 효과를 거두려는 것이다. 각종 위원회, 회사 조직은 이 원칙에 의한 것이다.

3) 임명제와 선거제

행정조직에 있어서 법규상 임명권자에 의하여 임명됨으로써 그 지위를 갖는 방법으로서 임명제가 있고 국민이 직접 또는 간접선거에 의해서 그 지위를 얻는 방법으로서의 선거제가 있다. 일반적으로 중앙집권제에 있어서는 임명제의 방법이 많이 사용되고 지방분권제에 의한 지방자치제도에서는 선거제가 채용되고 있다.

2. 교육행정조직의 특수성

교육행정조직은 일반행정의 조직을 바탕으로 한다고 볼 수 있다. 그러나 교육행정은 일반행정에 비하여 특수성이 있다고 하는 것이 일반적 견해이다. 이것은 교육행정이 교육을 위한 행정, 다시 말하면 인간 형성이라는 교육 그 자체를 목적으로 하여 실천되지 않으면 안 된다는 것이다. 교육은 교육 본래의 목적에 의하여 운영되어야 하며 어떠한 정치적·파당적 기타 개인적 편견을 위한 방편으로 이용되어서도 안 된다는 것이다.

원래 정치와 교육은 그 근본이념에 있어 일치되어야 하지만 실천면에 있어서는 그 목적과 방법의 상이성으로 보아 엄연히 구분되어야 할 것이다. 그 이유는 정치가 현실적 이해관계에서 영위되고 타협성을 특징으로 하는데 교육은 언제나 미래를 내다보며 이상을 목표로 하기 때문에 현실적인 부당한 정치세력에서 교육이 독립하지 않으면 안 되는 것이다. 이러한 교육행정의 특수적인 입장에서 볼 때 교육행정의 조직은 공공성 확립, 지방분권화, 자주성 확립이란 삼대 원리가 그 기본이념이 되어야 한다.

1) 교육행정조직의 공공성 확립

교육행정의 공공성 확립의 이념은 결국 행정의 민주화를 위한 조직에서 이루어질 수 있는 것이다. 교육에 관한 의사결정의 주체는 국민에게 있고 교육행정은 국민으로부터 분리할 수 없다는 것이 교육행정조직에서 고려해야 할 최초의 요청인 것이다. 모든 교육행정이 대다수 국민의 참여에 의한 집단적 사고에서 국민의 필요와 요구를 만족게 하고 그들의 실정에 적합하게 할 뿐만 아니라 그들의 이해와 협력으로써 운영 발전되게 하기 위해서는 교육행정조직의 공공성이 절실히 요청되는 것이다. 결국 민중통제(popular control)에 의한 교육행정이 이룩되도록 교육행정기관이 조직되지 않으면 안 된다.

2) 교육행정조직의 지방분권화

교육행정의 지방분권화는 일반적으로 관료적 중앙집권의 획일적인 교육통제에 의하여 그 지방민이 그 지방의 특성에 따른 교육적 필요를 충족시키고 국민 스스로가 아무런 지배나 구속을 받지 않는 자유로운 처사에서 자기와 이해관계가 깊은 교육사업에 대하여 이를 공공적으로 처리하거나 이에 참가함을 의미하는 것이다. 현대 민주주의 국가에서는 지역사회의 자발적인 교육발전을 이룩하기 위하여 교육행정조직의 지방분권화가 절실히 요구되고 있으며 또한 그렇게 하는 것만이 진정한 의미에서의 민주적 교육을 이룩하는 길인 것이다.

3) 교육행정조직의 자주성 확립

교육의 자주성을 확보하기 위한 교육행정이 이루어지고 동시에 소기의 목적을 달성하기 위해서는 교육행정조직이 일반행정으로부터 독립되지 않으면 안 된다. 교육이 중앙집권제나 관료적 현실정치의 부당한 세력에 이용되고 좌우된다면 교육 본래의 목적을 달성할 수 없을 것이다. 따라서 교육행정조직은 당연히 독립된 자주적 성격을 가져야 할 것이다.

VI. 교육자치제[7]

1. 교육자치제의 뜻

교육자치제란 교육의 특수성과 전문성을 존중하고 그 자주성을 확보하며 공정한 민의와 자율규제의 원리에 따라 교육 본래의 목적을 달성하기 위한 제도를 말한다. 다원적 사회공공생활에 있어서의 자치(autonomy)의 개념은 민중참여(popular participation) 및 민중통제의 이념을 바탕으로 성립될 수 있는 것이며 현대 민주교육에 있어서의 자치는 일반적으로 중앙 및 지방의 교육관계 제 기관의 자율적인 제 활동, 특히 그 행정적인 자율활동을 보장하는 제도상의 제 조건 정비의 문제를 중심으로 고찰된다고 할 것이다.

교육자치의 문제를 고찰하는 데 있어서는 지역사회 주민의 의사와 지역사회의 특수한 제 여건의 존중이 강조되며 또한 교육자치는 교육의 지방통제(local control) 또는 교육의 지방자치와 같은 의미로 사용되는 것을 상례로 한다. 그러나 교육의 자주성 강조는 교육의 공공성을 긍정하는 범위 내에서 인정되는 것이며 교육에 대한 국가 및 지방자치단체의 기본적인 권능과 국가적인 규제작용을 전적으로 배제할 수 있는 것이 아니다. 교육자치를 위한 각국의 제도를 각국 사회의 역사적·정치적·사회적·경제적·문화적 제 조건과 각 국민의 교육에 관한 가치관의 차이에 따라 그 현실적인 형태와 역사적인 변천과정을 달리한다.

---

7) 대한교육연합회, 전게서, p.130.

우리나라에 있어서는 역사적으로 볼 때에 근세 이조시대에 서당제도나 외국에 나가 있는 거류민단에 의한 자치적인 교육활동 등이 교육자치제도의 선구적 역할을 하였다고 볼 수 있을 것이다. 그러나 대체적으로 보아 봉건전제주의가 횡행했던 옛날과 일제 36년간의 식민주의 체제하에서의 교육은 말할 것도 없고 제2차 세계대전 후의 미군정하에서도 교육행정에 관한 모든 문제가 일반행정관료의 결단에 의하여 좌우되었으므로 교육자치제의 문제는 생각지도 못하였던 것이 사실이다.

1949년 12월 31일에 제정 공포된 교육법에 의하여 처음으로 교육자치제도가 마련되었으며 시·군 단위 교육구를 중심으로 한 교육자치제가 실현된 것은 1952년 4월에 지방 각급 의원 총선거가 끝나고 그해 5월에 지방의회가 각급 교육위원의 선출을 끝낸 후인 6월 4일의 일이다. 그러나 교육자치행정에 있어서의 이원제, 교육자치행정의 일반행정에의 예속성 등 문제는 일반행정과 교육행정 간의 알력의 초점이 되어 왔으며 이러한 반목의 계속은 정치인의 교육행정에 대한 간섭의 문호를 더욱 개방시킬 계기를 마련했을 뿐이다.

우리나라의 현행 교육자치제도는 1949년 이후 10여 회의 개정을 거듭한 교육법에 준거하여 운영되고 있으며 뚜렷한 것은 특별시·도 단위 교육청제를 채택하고 있다는 점이다. 지방교육행정의 집행기관으로서 서울특별시와 각 직할시 그리고 도에 교육위원회를, 시·군에 교육청을 두며, 교육위원회와 교육청은 교육·학예에 관한 사무, 즉 교육·과학·기술·예술·체육·출판·기타 문화행정 사무의 집행에 있어서 지방자지단체를 대표한다. 또 교육위원회의 사무를 처리하기 위하여 교육위원회에 교육감 및 부교육감을 두며, 교육위원회의 교육감 및 부교육감의 사무를 보좌하기 위하여 교육위원회에 필요한 공무원을 두고, 교육청에는 교육청장의 사무를 보좌하기 위하여 교육청장 소속에 필요한 공무원을 두도록 되어 있다.

이러한 현시점에서 교육자치제도 운영의 실제 면에서 누적된 현실적인 문제점은 대단히 많은데 그 점을 대략 간추려 보면 다음과 같다. 첫째, 중앙집권주의의 완화, 둘째, 관료적 통제현상의 지양, 셋째, 일반 내무행정으로부터의 독립, 넷째, 교육재원 확보를 위한 제 조건의 정비 확립, 다섯째, 당파적인 정치세력의 교육에 대한 간섭 배제 등이다.

이상과 같은 제 문제점에 대한 깊은 반성과 시정책의 강구는 우리나라 교육자치제도에 대한 건전한 발전을 위하여 필요 불가결한 것이라고 할 수 있으며, 특히 모든 교육관계사들의 귀중한 경험과 진지한 연구 활동에 기초를 둔 전문 직업적인 지도성의 발휘가 아쉽다.

2. 교육의 중립성[8]

공교육의 정치적 중립성과 자주성을 처음 강조한 사람은 프랑스혁명 당시 공교육계획을 초안한 콩도르세(M. J. A. N. Condorcet)이다. 그는 의회에 제출한 '공교육 일반조직에 관한 보고 및 법안(Rapport et Project de Décret sur L'organisaton Généralede L'instruction Publique)'에서 정치적·행정적 권력 및 종교적 권위로부터 교육의 자주성과 독립성을 확립하기 위하여 교육의 중립성을 강조하였다. 근대 민주주의 국가의 공교육사상 및 교육의 중립주의 원칙에는 이러한 콩도르세의

---

8) 대한교육연합회, 전게서, p.128.

주장이 잘 나타나고 있다.

교육의 중립성을 근본으로 하는 교육정책은 첫째, 교육행정을 일반행정기구로부터 독립시킴으로써 교육의 중립성을 보장하는 것, 둘째, 교육 본래의 독자성을 보장하기 위하여 부당한 정치적 지배를 배제함으로써 그 중립성을 유지하려는 두 가지 측면을 생각할 수 있다. 우리나라에서는 교육법 등에 의하여 교육의 정치적 중립성의 원칙을 규정하였다. 그러나 엄밀한 의미에서 교육의 정치적 중립성을 지킨다는 것은 현실적으로 문제가 많다. 국가정치와 동일한 세계관에 의해야 할 민주주의 국가의 공교육이 과연 정치와 분리될 수 있는가 하는 문제와 한국과 같이 제도상으로 교육권이 국가권력에 예속되어 있고 교육정책이나 교육행정이 국가적인 문화정책에서 이탈할 수 없도록 조직되어 있는 현실에서는 교육이 국가정치에서 완전히 분리될 수는 없는 것이다.

일반적으로 교육의 중립성이라 할 때에는 그 교육하는 입장에서 보는 중립과 정치로부터 완전히 분리된다는 뜻에서의 중립과 무당파성이라는 의미의 중립성과 권력지배의 배제라는 의미의 중립성과 일정한 기준에의 합치라는 여러 가지 개념이 있다. 또 중립성의 정책에서 살펴볼 때 교육내용의 중립성, 제도상의 중립성, 교사의 중립성 등 여러 가지 각도로 논할 수 있을 것이다.

이하에서 이러한 몇 가지 입장에 대하여 살펴보고자 한다.

1) 무방향성

교육이란 특정한 방향을 가져서는 안 된다는 주장을 교육의 무방향성이라고 하는데 예를 들어 과학기술 등은 중립적 성격을 가질 수 있다고 할 수 있다. 이는 그 자신의 고유한 특정방향을 포함하지 않는다는 뜻이다. 다시 말해서 이들은 어떠한 방향과도 결부될 수 있고 여하한 목적에도 봉사할 수 있다는 뜻이다. 이러한 의미에 있어서의 중립성은 도구적 성격을 뜻한다.

예를 들면 원자물리학은 인간의 생활을 발전시키는 데 도움을 주고 또한 무차별 대량 학살에도 도움을 준다. 그것이 어디에 도움을 주느냐 하는 것은 과학이 정하는 것이 아니라 사상이 결정한다. 목적의 선택은 과학의 일이 아니며 과학기술 자체는 무방향성이다.

2) 정치로부터의 완전분리

이는 정치와 교육의 불가분한 관계를 부정하는 일이다. 그러나 오늘날 그것은 공상에 불과하다. 절대적 비정치주의는 사실 그러한 형태로서의 정치주의의 표현일 경우가 많다. 교육의 절대적 자율성의 주장, 일체의 정치적 규정의 배제는 교육의 공적 성격을 부정하고 그것을 사사로 하는 것을 뜻한다. 그러나 이것이 오늘날 중립화의 내용은 아니다. 또한 교육내용으로부터 정치에 관한 사항을 제외하자는 의견은 국민을 사회적 문맹으로 만드는 결과를 초래한다. 사회적 사상에는 필연적으로 정치적 요소가 포함되어 있기 때문이다. 사회적 문맹은 민주주의의 적이다. 그러므로 이것 또한 오늘날의 중립성의 내용일 수는 없다. 따라서 교육에 있어서의 비정치주의는 오히려 정치성을 포함하는 경우가 많다.

3) 무당파성

중립성은 당파성의 배제를 의미한다. 이 경우 중립성은 초당파성·무당파성 또는 전체성이라 할 수 있다. 무당파성이라 함은 정치적 당파성의 배제와 일반적 당파성의 배제로 나눌 수 있는데 이것 역시 오늘날 중립성의 문제의 핵심이 될 수 없다.

4) 권력지배의 배제

당파적 지배가 아닌 권력지배란 있을 수 없다. 권력은 모두 당파적 성격을 갖고 있다. 그러나 여기서는 교육의 권력으로부터의 상대적 독립을 뜻한다. 이것이 주로 교육의 중립성을 보장하는 제도의 문제이다.

5) 일정기준에의 합치

일정기준이란 일정한 상태나 일정한 제도를 의미하는 것이 아니고 일정한 상태에 대한 평가, 즉 일정기준에 의한 가치판단을 뜻한다. 이 경우의 중립성은 정당성을 의미하는 평가가 되는 것이다. 이것은 주로 교육내용에 대한 평가의 문제이다.

이상과 같이 중립성의 개념은 다양하며 다양성이 도리어 정치적으로 이용되는 경우가 많다. 따라서 교육의 내용이나 제도상의 중립성 및 교사의 중립성이 강력하게 요구되는 이유가 여기에 있다.

Chapter

10

교사론

Ⅰ. 교직의 전문성

이 세상에는 허다한 종류의 직업이 있다. 직업이란 우선 경제수단이며 동시에 자아실현의 인생업이라는 면에서는 모두 그 자체가 동일하다. 십 년 또는 이십 년의 교육과 기능을 쌓아야 하는 직업이 있는가 하면 육체노동으로 똑같은 일을 기계적으로 반복 되풀이하는 단조로운 직업도 있다. 그 많은 직업을 구분하는 데도 여러 가지 방법이 있다. 육체적인 것과 정신적인 것, 일반적인 직업과 전문적인 직업 등으로 구별할 수도 있으나 대체로 전문직(profession)과 비전문직으로 구분하는 방법도 있다. 의사나 법률가나 교사가 전문직이라면 지게꾼, 구멍가게 아저씨, 각종 판매원 등은 범속직(occupation)이라고 할 수 있다. 그렇다고 하여 어떤 직업이나 전문직과 비전문직으로 반드시 양분되는 것은 아니다. 이 양자 사이에는 천차만별의 직업이 있을 수 있다. 지게꾼보다 점원이 더 전문적이다. 그러나 점원은 공인회계사보다는 범속적이다.

바로 여기에 전문직과 비전문직 사이의 기준이 문제가 된다. 다음의 기준이 전문직과 비전문직을 구분하는 데 척도가 될 수 있다.

1. 장기간의 훈련

전문직은 그 직업을 수행해 나가는 데 있어 장기간의 훈련기간이 필요하다. 그것은 심오한 이론적 배경을 필요로 하기 때문이다. 한 사람의 의사·법률가·비행사를 양성하기 위해서는 숱한 시간이 필요하고 또 본인이 일관성 있게 노력·연구·훈련해야 한다. 그래서 범속직에는 누구나 그 대치가 가능하지만 전문직에는 그 방면 이외의 사람이 쉽게 대치되기는 불가능하다. 따라서 전문직은 대체로 일생 동안의 직업으로 되는 경우가 허다하다.

2. 계속연구

범속직에서는 경험이 숙달되면 되는 것이고 계속적인 이론의 연구가 별로 필요 없다. 특별한 이론 없이 경험의 연륜을 쌓아 나가면 누구나 숙련된 직업인이 될 수 있다. 그러나 전문직인 의사·건축가·교수 등은 한낱 반복적인 경험만 되풀이할 때에는 오히려 그 직장에서 장해가 될 수도 있다. 전문직일수록 그 과업은 항상 새롭게 발선, 발달되어야 하기 때문이다.

3. 인류문화에의 공헌

어떤 직업이나 현대사회에 그 직업을 통해서 공헌하지 않는 직업은 없으나 그 기여도로 보았을 때에 전문직은 인류문화와 사회발전에 근간이 된다. 어느 나라나 전문직 전선이 건실하다면 기타 범속직의 전선은 자연적으로 그 기틀이 잡히게 마련이다. 전문직에 종사하는 사람은 그만큼 높은 사명감을 지녀야 한다. 이뿐만 아니라 전문직에는 강력한 자율적인 전문직의 단체가 수반하게 된다. 이것은 이권 추구나 옹호를 위해서가 아니라 자체적인 통제와 육성을 위하여 인류사회에 헌신 봉사하기 위함이다. 그래서 범속직 단체에서는 파업 등이 가능할 수 있어도 전문직 단체에서는 쟁의나 파업을 할 수 없는 것이다.

Ⅱ. 교사가 갖추어야 할 조건

오늘날 현대사회가 요청하는 교사란 지식이나 기능만을 가르치는 것이 아니라 학생들로 하여금 전인으로서 성장 발달케 하는 사람이어야 한다. 이런 의미에서 교사는 인간성을 형성케 하는 종합예술가라고 할 수 있다. 로댕(A. Rodin, 1840~1917)은 원이야말로 형태 중에서 가장 현명한 모양이라고 했다. 로댕이 말하는 원이란 완전성(Vollkommenheit)을 가리키는 것이다. 인간도 해가 갈수록 성장하고 영글어 가서 마침내 완전성에 접근하는 인간상을 형성하게 되는데 이 과정이 다름 아닌 교사의 과제일 것이다.

첫째로, 교사는 이해와 사랑과 봉사심에 철저해야 한다. 교사는 필연적으로 어떤 복잡한 인간관계의 망 속에 들어가게 된다. 교사는 학생들에게 사랑과 이해와 친절과 따뜻함으로 대해야 한다. 받는 사랑이 아니라 주는 사랑을 한없이 베푸는 사랑을 해야 한다. 똑똑한 학생을 칭찬하는 대신 지진아·낙제생에 대한 동정과 책임감이 교사가 갖추어야 할 성품이며 성서에서 말한 대로 잃어버린 한 마리 양을 찾아 헤매는 목자와 같은 성품을 지녀야 한다.

어느 날 저녁 프란시스의 집에 나병환자가 문을 두드리고 있었다. 그가 나가 보았더니 그 험상궂은 환자는 자기가 추우니 잠시 방에서 몸을 녹이기를 간청했다. 프란시스는 그의 두 손을 잡고 방으로 안내했다. 그 환자는 다시 저녁을 함께 먹게 해 달라고 했다. 두 사람은 같은 상에서 같이 저녁을 먹었다. 밤이 깊어지자 그 환자는 침대에서 재워 달라고 했다. 프란시스는 그렇게 하기를 허락했다. 그 환자는 다시 부탁하기를 자기가 너무 추우니 프란시스에게 알몸으로 자기를

녹여 달라고 했다. 프란시스는 입었던 옷을 다 벗어 버리고 체온으로
그 나병환자를 녹여 주었다. 그 이튿날 프란시스가 일찍 일어나 보니
그 환자는 온데간데없었다. 이뿐만 아니라 왔다 간 아무런 흔적도 찾
아볼 수 없었다. 이른 아침 프란시스는 무릎을 꿇고 하느님께 자기와
같이 미천한 사람을 찾아 준 데 감사하며 기도를 올렸다. 이 기도가
저 유명한 성 프란시스의 기도문이다. 우리 교육자 모두도 이런 사랑
과 봉사를 위한 기도를 올려야 되지 않겠는가.

> "오 주여!
> 나로 하여금 당신의 도구로 삼으소서.
> 미움이 있는 곳에
> 사랑을
> 범죄가 있는 곳에
> 용서를
> 분쟁이 있는 곳에
> 화해를
> 잘못이 있는 곳에
> 진리를
> 회의가 자욱한 데
> 믿음을
> 절망이 있는 곳에
> 소망을
> 어두운 곳에는
> 당신의 빛을
> 설움이 있는 곳에
> 기쁨을
> 전하는 사신이 되게 하소서.
>
> 오, 하느님이신 주님이시여, 나로 하여금 위로하는 것보다 위로받
> 기를 더 바라지 않게 하여 주시옵소서. 이해하는 것보다 이해받기
> 를, 사랑하는 것보다 사랑받기를, 왜냐하면 주는 것으로 해서 우리
> 는 받으며, 용서함으로써 우리는 용서를 받기 때문이며, 그리고 죽

음으로써 우리는 영원한 생명을 얻게 되기 때문입니다."[1]

인간이 인간을 가르치고 이끌고 인간성을 바로 형성하려면 이와 같은 이론과 신념 이상의 깊은 신심이 누구나 다 필요하고 또 요청된다고 할 것이다.

둘째로, 교사는 인간을 존중하는 태도를 지녀야 한다. 교육은 인간을 존중하고 그 존엄성을 믿는 것으로부터 시작되어야 한다. 학생들이 어리고 작다고 하여 경솔한 판단과 결정을 해서는 안 된다. 인간은 인간이기 때문에 존중해야 하고 또 사랑해야 한다.

어느 이름 모를 작가는 「작은 것들」[2]이란 글을 썼다.

"작은 말들은 듣기에 가장 달콤하다. 작은 자선은 가장 멀리 날아간다. 그리고 그 날개 위에 가장 오래 머물러 있다. 작은 호수는 가장 충만하고, 그리고 작은 농장은 제일 잘 손질이 되어 있다. 작은 책은 제일 많이 읽히고, 그리고 짧은 노래는 제일 많이 애창된다. 그리고

---

1) PRAYER
Lord, make me an instrument of thy peace.
Where there is hated, let me sow love.
Where there is injury, pardon.
Where there is doubt, faith.
Where there is despair, hope.
Where there is darkness, light.
Where there is sadness, joy.
O! Divine Master, grant that I may not so much seek to be consoled, as to console; to be understood, as to understand; to be loved, as to love; for it is in giving that we receive, it is in pardoning that we pardoned, and it is in dying that we are born to eternal life – St. Francis of Assisi.

2) LITTLE THINGS
Little words are the sweetest to hear; little charities fly farthest, and stay longest on the wing; little lakes are the stillest; little hearts are the fullest, and little farms are the best filled. Little books are read the most, and little songs the dearest loved. And when nature would make anything especially rare and beautiful, she makes it little pearls, little diamonds, little dews. Agar's if a model prayer; but then it is a little one; and the burden of the petition if for but little. The sermon on the mount is little, but the last dedication discourse was an hour long. Life is made up of littles; death is what remains of them all. Day is made up little beams, and night is glorious with little stars.

자연이 어떠한 것이든지 특별히 드물고 아름다운 것으로 만들 적에는 그것을 조그맣게 만든다. 조그만 진주, 조그만 다이아몬드, 조그만 이슬, 아가(Agar)의 기도는 기도의 표본이다. 그런데 그것은 짧은 것이다. 그리고 호소의 분량은 작은 것에 지나지 않는다. 산상수훈은 짧은 것이다. 그리고 최후의 만찬은 1시간이었다. 인생은 작은 것으로 만들어졌다. 죽음은 그 모든 것이 꺼진 것이다. 낮고도 작은 광선으로 만들어졌다. 그리고 밤은 작은 별들로 영광을 자랑한다."

우리는 흔히 성인과 어린이를 대하는 태도를 달리하기 쉽다. 그러나 작은 일에 충실치 못한 사람이 큰일에도 충실치 못한 것과 마찬가지다. 마치 누구에게나 태양은 한결같은 빛을 내리는 것과 같이 인간을 수단으로 할 것이 아니라 항시 목적으로 해야 한다는 것은 흔들릴 수 없는 진리인 것이다.

셋째로 교사는 넓고 신성한 교육관을 가져야 한다. 직업을 생계의 수단으로 생각하는 사람도 있고 그 직업 속에서 즐기며 인생을 지내는 사람도 있으나 교직은 사회 개혁 및 향상을 위한 유일한 최고의 수단으로 생각할 때에 사명감과 바른 교육관이 확립되게 된다. 우리나라의 모든 교사가 만일 바른 교직관을 확립하지 못하고 교단에 섰을 때에는 교육 전선에 이상이 있을 수 있다. 그렇기 때문에 올바른 교직관은 교육논리의 확립에서부터 출발된다. 본래 사람은 자기에게 주어진 환경과 직업에 헌신하는 데에 생의 즐거움과 참뜻이 있는 것이다.

교사는 매일매일의 과업 속에서 자기를 헌신하는 기쁨과 만족을 얻을 수 있어야 할 것이다.

교사의 몸은 비록 과거에서부터 살아왔으나 교사의 번득이는 눈과 가슴은 언제나 현재와 미래를 응시해야 한다. 매일매일 새로워져야 한다. 가르치는 자는 곧 배우는 자이기 때문이다. 교사의 학구적인 연구열은 곧 학생들에게 영향을 미치게 되고 나아가 교사 자신에게 신선한 지식을 더해 준다. 현대처럼 급격하게 사회가 변하면 변할수록 그 사회 속에서의 교사의 역할이 커지고 있다.

넷째로, 교사는 행동으로 옮기는 사람이 되어야 한다.

학행일치란 말이 있듯이 교양과 인간애를 갖추었으면 그것을 실제로 행하여야만 한다.

안병욱은 다음과 같은 말로써 이 점을 강조한다.

"남을 움직이려거든 내가 먼저 움직여야 한다. 남을 감격시키려거든 내가 먼저 감격해야 한다. 가슴속에서 우러나오는 말만이 정말 사람을 감동시킬 수 있다. 나의 정성은 학생들의 정성을 불러일으키고, 나의 정열은 학생의 정열에 전파한다. 인간은 부르면 대답하는 존재이다. 진정한 교육은 성과 열에서 이루어진다. …… 교육은 혼과 혼의 대화요, 인격의 부딪침이요, 정성의 호응이요, 정열과 정열의 만남이다."

이와 같은 교육의 목적은 현재 모르고 있는 것을 가르치는 것이 아니라 현재 행할 수 있도록 지도하는 데 있다.

미국의 한 저명한 외과의사에게 어떤 친구가 그가 어떻게 하여 의사가 되었느냐고 물었을 때 그는 이렇게 대답하였다.[3]

"내가 고등학교에 다닐 무렵, 나는 처치하기 곤란할 정도로 난폭한 문제아이였다. 언제나 꾸지람의 대상이었고 선생과 동료에게 골칫거리였다. 내가 4학년이 되었을 때 품행이 나쁘고 성적이 불량하여 퇴학 일보직전에 있었다. 그때 내가 낙제하고 있었던 과목을 담당하고

---

3) 오천석, 스승, 배영사, 1972, pp.70~71.

있던 선생이 우연히 내 손을 보고 '네 손은 참으로 훌륭하고 민감해 보인다. 그 손으로 너는 값있는 일을 할 수 있을 것이다'라고 하였다. 이 한마디 말은 내 귀에 낭랑하게 울려오는 나팔소리와 같았다. 나는 학교를 졸업하고 외과의사가 되기로 결심하였다. 그 선생의 마지막 말은 나에게 하나의 비전이었고 내가 곤경에 빠져 있을 때마다 내 머리에서 되살아났다. 이것이 내가 외과의사가 된 동기요, 나를 쓸모 있는 사람으로 만든 원인이다."

이와 같이 교사의 행동, 언어 하나하나가 정성된 배려로서 행할 때 이와 같이 놀랍고 폭발적인 힘이 발휘되곤 한다. 이것은 교사만이 지니는 특권이요, 신비스러운 작용이다. 그래서 교사는 자기 자신을 보다 세련되게 다듬는 자기반성의 시간을 게을리해서는 안 된다.

① 학생들에 대해서 차별하지는 않았나?

② 학생들을 지도·조언하는 과정에서 순간적인 감정으로 처리한 일은 없는가?

③ 학습지도의 계획을 게을리하지는 않았나?

④ 학급 학생들에게 골고루 지도와 관심을 갖고 실천했는가?

⑤ 학생들을 개별 지도할 때에 적절하게 탄력성을 갖고 성심껏 지도했는가?

위와 같은 내용 등을 반성하면서 내일을 위한 거울로 삼을 때 그 교사는 놀라운 가속으로 이상적 교사상에 진입할 수 있을 것이다.

다섯째로, 교사는 학생들에게 희망을 주는 사람이 되어야 한다.

교사의 얼굴에 그림자나 어두움이 없는지, 교사가 자기 자신을 평가하는 조건을 리나 사터(Lina Sartor)는 다음과 같이 들었다.[4]

① 나는 어린이와 젊은 사람을 위한 순수한 사랑을 가졌는가, 나는

진실로 가르치기를 좋아하는가?

② 나는 산다는 데 대하여 기쁨을 가지고 명랑하며 행복한가? 사람들 특히 어린이들이 나와 같이 섞이기를 좋아하는가?

③ 나는 모든 사람들에게서 선한 것을 찾으려고 하며, 그리고 찾고 있는가?

④ 나는 높은 도덕적 수준을 지녔는가?

⑤ 나는 깔끔하고 매력 있고 그리고 단정하게 옷을 입는가?

⑥ 나는 건설적인 비평을 즐겁게 받아들이는가? 이러한 비평은 대부분 우리의 더 위대한 성장을 위해서 열린 문이 될 것이다.

⑦ 나는 부단히 나의 인격을 개선하며 나의 능률을 증가시키려고 하는가? 훌륭한 교사가 되기 위하여 항상 전의 것보다는 좀 더 새롭고 고상한 모습을 획득하려고 노력하고 있는가?

⑧ 나는 나의 맡은 일을 전체 교육계획에 적합하도록 모든 학교 행사에 대해서 익숙하게 연구하였는가?

⑨ 나는 믿음직한가? 내가 약속을 하였을 때에 어른에게 대해서나 어린이에게 대해서나 언제나 나의 언약을 지켰는가?

여섯째, 교사는 학생들에게 희망을 주는 사람이 되어야 한다.

교사의 얼굴에는 그림자나 어두움이나 실망이 없고 언제나 미래를 내다보는 희망이 깃들어 있을 뿐이다. 어린이가 잘못을 저질렀을 때 비관하는 얼굴이 아니라, 바른길을 가도록 격려하는 얼굴이다. 그의 얼굴은 오늘의 우리 사회 부조리에 낙망하는 것이 아니라 명일의 비전에 용기를 가지는 얼굴이다. 제아무리 세상이 부패하여도 그는 낙

---

4) Lina Sartor, "*How good teacher am I?*" NEA Journal 1201 lbth N.W. Washington D.C. National Education Associations, 1956.

망하지 않는다. 하나하나의 어린 생명을 바로 키움으로써 보다 좋은 사회를 만들려는 정열에 불타는 얼굴을 가지고 있는 사람이다. 불의를 분쇄하기 위하여 돌격하는 얼굴이며 부패를 도려내기 위하여 총칼을 빼든 전사의 얼굴을 가진 사나이다. 그는 실패의 눈물을 흘리는 자가 아니라 이를 박차고 재기하는 굳은 의지의 사나이다.

여기 얼굴이 밝고 맑으며 자애와 이해와 동정과 관용과 인내와 정열로써 어린이의 생명을 키우며 미소를 짓고 있는 자가 있으니 그의 이름은 교사이다.[5]

교사가 가져야 할 희망적인 생의 태도는 주위 환경의 조건에 달려 있는 것이 아니라 현실을 보다 낫게 개선·혁신하려는 굳은 의지를 말하는 것이다.

교사는 미래가 절망적인 전망을 예감할 수 있을 때에도 희망을 가져야 하고 미래가 밝은 전망을 내다볼 수 있을 때에도 희망을 갖고 이 희망을 주위 사람들에게 불러일으켜 잠자는 혼을 깨우쳐 주어야 한다.

Ⅲ. 훌륭한 교사의 특성

훌륭한 교사의 특성에 대해서는 사람마다 그 의견이 다르나 어느 정도 서로 공통되는 점을 찾아볼 수 있다.

한기언은 훌륭한 교사의 특성에 관한 일반적인 항목을 들어 다음과 같이 설명하고 있다.[6]

---

5) 오천석, 전게서, pp.70~71.
6) 한기언, 교육원리, 박영사, 1963, pp.139~150.

1. 교사-학생의 관계

　교사로서의 성공 여부는 교사와 학생 사이의 관계에 크게 좌우되고 있다. 교사는 단순히 가르치는 데 기술이 있고 훌륭한 교사로서 특질을 가지고 있을 뿐만 아니라 학생과 원만한 관계를 발전시키며 유지할 줄 알아야 한다. 교사로서의 성공은 이 관계가 양호하냐 졸렬하냐 하는 극히 사소한 일에 좌우되고 있다.

(1) 학생의 문제에 관심을 가지고 전적으로 이해하려고 노력할 것

　학생에게 깊은 관심을 가지는 것은 모든 훌륭한 교사의 가장 중요한 특질의 하나로 되어 있다. 교사는 학생들의 여러 가지 문제를 이해하려고 노력하며 의욕적으로 그 문제의 해결을 위하여 도우려고 하는 사람이어야 한다. 그것에 관한 관심의 적절한 표현은 따뜻한 교사와 학생의 관계를 수립하는 데 도움이 된다. 학생의 이름을 외우고 있는 것은 실제적으로 효과가 클 뿐만 아니라 학생들에 대하여 교사의 깊은 관심을 가지고 있다는 뜻을 표시하는 것도 된다. 사람은 누구나 자기의 이름에 대하여 관심이 크며 그러므로 학생들은 자기 이름을 불러 주는 것을 기뻐하며 감사하기도 한다. 이 점에 치중하고 있는 교사는 훌륭한 교사와 학생관계를 이룩하는 데 성공할 수 있다.

(2) 모든 질문에 대답할 것, 그러나 탈선하지 말 것

　교사가 학생들에게 더욱 신뢰를 얻게 되는 때는 모든 질문에 명철한 대답을 해 주는 데 있다. 끝을 우울우물해서 넘기는 교사는 학생이나 동료들의 존중을 받지 못한다. 이것은 확실히 대답을 못 한 때

잠시 보류하는 것보다도 그 결과가 나쁘다. 만일에 그 질문이 다만 개인적으로 중요한 것이며 수업 전체와 직접 관련이 없다거나 또는 관련이 적다거나 할 때에는 개인적으로 달리 답변해 주는 것이 좋다. 학생이 과목상의 질문을 한다든지 개별적으로 찾아와서 질문을 하도록 권장해 주는 것은 좋은 안이다.

(3) 자기 학급에 효과 있게 자기소개를 할 것

옛 격언에 "첫인상이 최후까지 간다"는 말이 있는데 교사로서는 음미할 만한 중요한 말이다. 처음으로 들어가는 학급과의 대면에 있어서는 특별한 유의를 가지고 계획하지 않으면 안 된다. 자기 자신과 자기가 담당하고 있는 과목에 대해서 효과 있게 소개하여야 하며 좋은 첫인상을 주어야 한다. 그리고 내내 좋은 인상을 계속시킬 것이다.

(4) 교사의 생활상태가 학생들을 대하는 태도에 절대 영향이 없도록 할 것

교사는 심적 고통을 나타낸다거나 번민하며 성을 내는 것을 삼가야 한다. 교사의 정서적 안정이 동요될 때 학생은 도움을 받지 못하게 되는 경우가 많다. 교사는 언제나 학생에 대하여 그 태도가 시종일관하며 이성적이어야 한다.

(5) 비꼬아 말한다거나 조롱하는 것을 삼가야 할 것

가르치는 데 기술 있는 교사 가운데는 간혹 서툴고 느리게 배우는 학생이 어울리지 못하는 것을 보고 조롱한다거나 비꼬아 말하는 수가 있다. 그러한 사람은 마땅히 그 옛날 자기 자신도 대단히 고생스럽게 공부한 적이 있었던 것을 상기하도록 해야 될 것이다. 정도에 벗어난 주의는 격려하는 일이 되지 못한다. 사실 이러한 것은 흔히 학생들의 원한을 사게 되고 학습에 지장을 주게 된다.

(6) 언제나 성미를 조절할 것

호언장담을 하는 교사는 사물에 대해서 잘 알고 있지 않다는 것을 말하는 것이 되며 성미가 급한 행동에는 반드시 후회를 하게 된다. 교사의 자제심은 학급을 관리하는 데 가장 중요한 것이다.

(7) 선량한 익살꾸러기일 것

교사의 의자 위에 학생이 압침을 놓았을 때 그 뜻을 알아채지 못하고 분개하여 교장 앞에 끌고 가서 학생을 야단맞게 하는 것은 교사의 실패다. 즉 학생들은 스포츠맨십을 테스트해 본 것이다. 농담을 이해할 줄 알고 위와 같은 장난을 했을 때 교사가 정신적으로 이것을 받아들일 수 있는 그러한 익살꾸러기를 그들은 좋아한다.

(8) 학생이 질문을 했을 때라든지 또한 자기 마음에 맞도록 일을 하지 못하였을 때에 인내를 할 줄 알 것

참는다는 것은 확실히 하나의 덕행이다. 교사에게는 이것이 특히 필요하다. 참는다는 것은 특히 학생들이 분명히 질문이 필요치 않은데도 묻는다거나 바보 같은 것을 물을 때에 인내가 필요하다. 또 한편 모든 학생들이 교사가 뜻하는 바와 같이 그렇게 빠르게 기술이나 지식을 발전시킬 것을 기대할 수는 없는 것이다. 인내와 이해는 모두 훌륭한 교사가 효과적인 지도를 하기 위해서 지녀야 할 특성이다.

(9) 교사로서의 충분한 조건을 간직할 것

훌륭한 교사는 결코 어린이와 똑같은 사람이 아니고 충분한 자질을 갖춘 자라야 한다. 교사는 마땅히 학생들의 존경 대상이 되고 너무 사제지간의 거리가 없어지지 않도록 적절하게 지배하여야 한다. 학생들은 교사로서 지녀야 할 충분한 조건을 간직한 교사, 특히 학교 근무시간을 통하여 간직하여야 할 조건을 유지하는 분을 우러러본다.

(10) 학생들과 지나치게 친근한 것을 삼가야 할 것

학생들과 지나치게 친근한 결과는 때로 학생들을 편애하기 쉽다. 그러므로 이 점 – 학생들과의 지나친 친근함을 삼가는 것이 무엇보다도 중요히다.

(11) 학생들을 당황하게 만드는 일을 삼가야 할 것

다른 사람 앞에서 학생들을 어리둥절하게 만들어 놓아 자존심을 손상시키지 말아야 한다. 징계는 대체로 개인적으로 하는 것이 좋다. 한 학생을 여러 친구들 앞에서 나무라는 것은 교사가 범하게 되는 가장 큰 오류의 하나다. 이와 같은 사건은 교사에 대한 학생의 반항심을 조성케 할지도 모르며 그것을 회복하려면 많은 시간을 필요로 할 만큼 학생의 자신을 상실하게 할는지도 모른다.

(12) 학생들을 칭찬해 줄 것

만족감을 얻는 일은 학습과정에 있어서 중요하다. 학생들이 진보하려고 할 때 절대적인 노력과 수행을 하도록 격려하여야 한다. 그리고 훌륭한 학업과 태도를 칭찬해 주어야 한다. 그런데 지나친 칭찬이라든지 격에 맞지 않는 칭찬은 도리어 역효과를 가져온다.

(13) 수업에 대한 반응을 학생들에게 물어볼 것

장학관이 어떤 교사가 어떠한가를 물어보는 것이다. 이와 마찬가지로 교사도 이 방법을 사용하고자 하면 가능하다. 즉 학생이 알려준 수업에 대한 반응과 시사는 교사가 학습지도법과 과정 및 그 밖의 것을 개선하는 데 큰 도움이 된다. 그리고 솔직하게 반응상태에 대하여 학생들이 답변하도록 되어 있어야 한다. 그렇게 하기 위해서는 학생들의 진술이 점수라든지 학교 기록에 영향을 주지 않고 아무 흔적도 남지 않는다는 것과 자유롭게 말할 수 있는 분위기의 조성이 필요하다. 이리하여 교사는 무수한 적극적인 시사를 발견하게 될 것이다. 어떤 의견은 간혹 불쾌할지도 모른다. 그러나 가장 훌륭한 수업을 가지기 원하는 교사는 이것을 편의상 사용할 것이다.

(14) 학생을 객관적으로 판단할 것, 그의 과거기록에 의거하지 말 것

학생을 성적이나 명망에 의거하여 판단해서는 안 된다. 교사는 교실과 작업실 및 그 밖의 장소에 있어서 학생을 가능한 한 객관적으로 판단하는 것이 그의 직무다. 훌륭한 교사는 그것이 좋았거나 나빴거나 간에 학생의 과거 역사에 의하여 영향받지 않고 오직 현재 수행하는 것을 가지고 평가할 뿐이다.

2. 직업적인 면

훌륭한 교사는 다음의 여러 가지 방법에 나타난 직업태도를 가져야 한다.

(1) 수업을 개선하는 일에 적극적으로 시사를 할 것

훈련을 개선하게 하는 일에 적극적인 시사를 한다는 것은 모든 교사의 의무이다. 왜냐하면 교사는 학생과 가장 가까이하고 있어 학생들의 반응을 잘 관찰할 수가 있기 때문이다. 그러므로 교사는 수업을 개량하는 문제의 해결을 위하여 동지들에게 중요한 공헌을 할 수 있다.

(2) 허심탄회하게 남의 비평을 받아들일 것

두 사람의 머리는 한 사람의 머리보다 훌륭한 생각을 하게 된다. 다른 교사로부터 비평을 받을 때는 감사히 여기고 그 시사에 따라서 자기 자신의 개선에 힘쓸 때 많은 이득이 있게 된다.

(3) 교직교양 면에 대한 훈련을 게을리하지 말 것

독서를 비롯하여 연구한다거나 교사의 재교육, 강습회 같은 데 참가한다거나 그 밖의 교사의 능력을 개선하는 기회를 놓치지 않고 교사로서의 직업훈련을 받는 일에 게을리하지 말아야 된다. 직업 면에 있어서 꾸준히 자기개선을 하는 교사에게는 승급과 승진이 자연히 따르게 되는 것이다.

(4) 교직의 추세를 따라서 할 것

모든 분야에 있어서 수업의 실제는 매우 빨리 변화한다. 관련된 분야에 대해서도 그렇지만 새로 발전된 지식과 새로운 도구와 장치 등 최근의 추세에 대하여 유의하는 것은 교사가 담당하고 있는 과목을 항상 새로운 것이 되게 한다. 또 전문잡지를 사서 읽는 것은 물론이려니와 기고하는 것도 매우 현명한 일이다.

(5) 지도를 한낱 직무로 생각할 것이 아니라 봉사할 수 있는 기회라고 생각할 것

교사는 인간을 만드는 일을 맡고 있으므로 봉사할 많은 기회를 가지고 있다. 공장이나 보호학급이나 그리고 육해공군의 교육훈련의 교사로 선택된 사람들을 생각해 보라. 결코 그 사람들은 제2차적 기술자가 아니다. 고도의 기술을 가졌으며 가장 도움이 되는 유능한 인물이다. 그들은 큰 공헌을 하는 사람들을 길러 내는 일을 위임받고 있는 사람들이다. 교사는 자기 감독하에 생도들의 기술과 지식과 그리고 태도를 발전시키는 책임을 가지고 있다. 교사가 자기 학생과 사회에 봉사하는 기회는 교사 자신의 관심과 창의력·지식 및 기술에 달려 있다.

(6) 수업관계의 지식을 남에게 나누어 줄 것

학생들을 능숙하게 다룰 수 있는 교사 가운데는 자기 자신이 고생해서 체득한 것이라고 하여 좀처럼 수업의 비결을 남에게 가르쳐 주려고 하지 않는 분이 있다. 훌륭한 교사는 시간이 허락하는 한 자기 학생들에게 모든 최단기리 기술과 지식을 가르쳐 주려고 애를 쓰지만 이러한 교사는 또한 동지들에 대해서도 수업관계의 지식을 나누어 주며 또 토론도 한다. 교육관계의 잡지에 특별논문을 게재하여 수업관계의 새로운 지식을 널리 알리는 것은 매우 바람직한 일이다.

(7) 교사는 교직관계의 조직체와 관계를 가지며 적극적으로 이를 지지할 것

교직관계의 조직체를 지지하는 것은 모든 교사의 직업적인 임무다. 예를 들면 대한 '교육연합회'라든지 '한국교육학회' 같은 단체가 그것인데 자기 전공에 따라서 좀 더 특수한 분야의 학회나 협회에 가입하는 것도 좋다.

(8) 사회의 기대에 어긋나지 않도록 생활할 것

사회는 교사가 학교에서와 같이 공중의 모범이 되어 줄 것을 기대하고 있다. 교사는 유능한 시민이 되어야 한다.

(9) 교사 자신이 그 일을 할 줄 알아야 하며 또 잘할 것

교사 자신이 어떤 일을 기술적으로 잘하지 못하면서 학생들에게는 말로만 가르쳐 주는 것은 좋지 못하다. 교사가 서먹서먹하게 서투른 방법으로 가르칠 때 학생들은 크게 실망하게 된다. 교사는 마땅히 어떤 일을 가르치는 데 있어서 먼저 그 일에 정통하지 않으면 안 된다.

(10) 학교 근무시간 중은 학교 일에 종사할 것

훌륭한 교사는 학생들의 이익을 위하여 교실에서나 또는 작업장에서 일분 일각일지라도 아껴서 이용한다. 학생이나 장학관은 이러한 교사에게 감사할 것이다.

3. 윤리적인 면

교직은 도의라든지 인격·품행 그리고 그 밖의 특질과 직업인으로서의 활동을 포함한 윤리의 법전으로 일반에게 알려져 있다.

(1) 소문이 퍼지는 것을 막을 것

소문이라는 것은 매우 위험한 것이며 오류가 있는 것인데 때때로 소문을 만들어 내는 사람이라든지 그것을 전하는 사람들에게 재앙을 가져오게 하는 원인이 된다. 소문을 내는 사람과 전하는 사람은 의식하고 하든지 의식하지 않고 하든지 간에 단체나 또는 개인 사이의 도덕성이 괴리되게 만든다. 훌륭한 교사는 이와 같은 소문을 그 근원에서부터 막아야 한다.

(2) 자기 직장에 대해서 충실할 것

훌륭한 교사는 자기 직장에 대해서 변함없이 언제나 성실하다. 어떤 조직체나 구성원은 그것을 지지할 의무를 가지고 있으며 각자의 행동과 태도는 그 조직체의 강도를 좌우한다. 더욱이 교직에서는 자기의 이득에만 충실하고 그 집단에 대해서 충실하지 못한 사람은 요구하지 않는다.

(3) 모욕적이며 비열한 언사를 쓰지 않도록 할 것

교사로서 옳지 못한 언사를 쓰는 분은 정당하게 자기의 의사를 표현하는 능력이 없다는 것을 의미하는 것이다. 이러한 교사일수록 자기의 결점을 덮어 버리기 위해서 학생들에게 모욕적이며 비열한 언사를 사용한다. 훌륭한 교사는 그렇지 않으며 학생들에게 좋은 모범을 보인다. 이러한 거친 언사는 자기의 노력에 따라서 쉽게 고칠 수 있는 하나의 습관이다.

(4) 자기 동료의 인격을 손상시킴으로써 자기의 위치를 안전하게 하려는 일을 없앨 것

아주 보기 드문 일이지만 교사 가운데는 자기 동료의 약점을 윗사람에게 밀고함으로써 총애를 받으며 좋은 자리로 올라가는 사람이 있다. 이와 같은 행동은 윤리의 법선의 수요 전제를 모욕한 것이라고 하겠다.

(5) 남에게 인사성 없는 의견을 말하지 말 것

"만일에 좋은 일이 아니면 말하지 말라"는 말도 있거니와 남에게 인사성 없는 비평을 하는 것은 삼가도록 해야 한다.

(6) 공적 용건에 한하여 통신 계통을 사용할 것

통신 계통은 그 조직체의 민활한 운영을 위하여 수립되어 있는 것이다. 결코 사적 용건을 위하여 이용될 것이 아님을 교사는 명심해야 한다.

(7) 정치나 종교에 연관시켜서 많이 아는 체하지 말 것

자연과학 계통의 학습에서 정치와 종교는 직접 관련이 적지만 다른 과목에서도 정치와 종교의 논쟁적 제목에 관계하는 것은 피하는 것이 좋다. 학생들과 교사들 가운데는 종교 및 정치적인 신념에 대하여 민감한 사람이 있다는 것을 잊어서는 안 된다.

(8) 과거에 수행한 것이 문제가 아니라 현재의 능력으로부터 자기 자신의 성공을 계획할 것

기술만 있으면 언제나 훌륭한 교사가 될 수 있는 것이 아니다. 훌륭한 교사는 어떤 일을 자기 자신이 잘할 수 있는 동시에 그것을 남에게 성공적으로 가르칠 수가 있다. 과거에 수행한 일은 현재 하고 있는 일의 성공에 대해서 그리 관계가 없으며 이는 현재 교사가 무엇을 할 수 있느냐에 달려 있다.

4. 개인적 특질

훌륭한 개인적 특질은 교육을 성공하도록 만드는 데 매우 중요하다. 그것은 교사가 학생들과 계속적인 인간접촉을 해야 할 위치에 있기 때문이다.

(1) 정직할 것

교사는 가끔 수업료를 비롯하여 여러 가지 성질의 금전과 또는 비싼 도구·장치 및 배급물자를 취급하게 되는 기회를 가진다. 그런데 교사는 무엇보다도 자기의 정직성에 대해서 의심을 받지 않도록 해야 하며 정확하고도 정밀한 기록을 하여 두는 것은 가장 좋은 예방책이 된다.

(2) 훌륭한 자세를 가질 것

교사가 침착하지 못한 태도를 보일 때 학생들은 불안을 느낀다. 그러므로 교사는 언제나 말을 더듬는다든지 당황해한다든지 또는 졸렬한 제스처를 하는 일이 없도록 해야 한다. 훌륭한 자세는 끊임없는 노력과 연습에 의하여 비로소 발전시킬 수 있는 것이다.

(3) 자기 자신을 신뢰할 것

훌륭한 교사는 장학관에게 최소의 도움을 바라며 남에게 신뢰하지 않고 문제를 해결하며 자기의 임무를 완수한다.

(4) 창의력을 발휘할 것

창의력을 가지고 모든 일에 임하는 교사는 그 일을 지체함이 없이 빠르게 처리할 수가 있다. 이러한 교사는 새로운 구상을 시행해 볼 것이며 아무런 감독 없이도 이 일을 발전시킬 것이다. 자기 자신의 지도에 있어서는 약점을 발견하여 이것을 고치려고 노력하여야 한다. 이와 같은 교사는 학교활동에 있어서 주체적 위치를 잡게 되며 지도자로서의 인정을 받게 된다.

(5) 열성적일 것

열성은 전파된다. 열성은 재빠르게 교사로부터 학생에게로 퍼진다. 이리하여 교사가 활기와 열성을 가지고 일할 때에 학생들은 그 정신을 본받으며 부지런히 공부하려고 한다.

(6) 풍부한 실력이 있을 것

모든 시설이 완비되어 있는 학교는 얼마 안 된다. 그러므로 대부분의 교사는 가장 적은 도구와 장치, 그리고 그 밖에 교편물을 가지고 커다란 학급을 경영해야만 할 처지에 놓여 있다. 그래서 실력 있는 교사는 교편물을 확보하기 위하여 온갖 노력을 한다. 이리하여 그는 표본이나 단면도를 비롯한 수많은 시간적 보조물을 준비하게 되고 그것에 의하여 큰 효과를 거두게 될 것이다.

(7) 우호적일 것

우호적인 교사는 개인적으로 학생들에게 영향을 주는 기회를 많이 가진다. 학생들은 자연히 우호적인 교사를 가까이하며 따르게 된다.

(8) 머리를 쓸 줄 알 것

교사는 많은 곤란한 환경을 교묘하게 취급할 줄 알아야 한다. 교사는 학생들에게 좋은 의견을 제시하며 모욕하는 일이 없이 적절하게 방향을 지시하고 또한 편애와 편견이 없이 대해 주어야 한다.

(9) 진지할 것

교사는 진지성 없이는 학생들로 하여금 흥미와 주의를 환기하고 유지하게 되지 못한다. 교사는 언제나 학생들이 교사가 가르치는 일에 대하여 그의 노력이 진지한가 어떤가에 대해서 민감하게 체크하고 있다는 것을 알아야 한다.

(10) 예의를 지킬 것

교사는 예의를 가르치는 데 친절하여야 한다. 교사는 학생들에게 예의를 지킬 것을 요구하여야 하며 그렇게 하기 위해서는 언제나 교사 자신이 실행하도록 하여야 한다.

(11) 신체적 · 정신적 정열을 가질 것

가르친다는 것은 정신적 또는 신체적으로 이끌어 나가는 일이며 훌륭한 지도를 하기 위해서는 언제나 양호한 건강상태를 유지하도록 해야 한다. 병으로 인하여 휴강하고 있는 동안 교사는 무가치하며 대리교사의 지도를 받게 되는 학급에는 많은 지장을 초래하게 된다.

(12) 협동적으로 할 것

훌륭한 교사는 자기 동료와 함께 움직이며 의식적으로 협력해서 일하려고 애쓰며 담당한 사무보다도 더 많이 일을 한다.

(13) 혼란한 제스처를 쓰지 말 것

제스처를 적당하게 쓸 때에는 학생들의 주의를 집중시키는 데 매우 효과가 있다. 그러나 혼란하고 심한 제스처의 반복이라든가 좋지 못한 말투와 틀린 발음은 학생들을 매우 당황하게 만든다.

(14) 너무 음성을 높여서 말하지 말고 학생들이 잘 알아들을 수 있도록 말할 것

교사의 음성의 특질은 수업에 크게 영향을 준다. 투박스러운 음성이나 너무 높은 금속성의 음성은 학생들에게 좋지 못한 느낌을 준다.

그렇다고 해서 언제나 단조롭게 말하는 것은 도리어 학생들의 흥미를 죽이는 결과가 되는 것이니 역시 피하는 것이 좋다. 정확한 말을 써야 하며 발음을 명료하게 하여야 된다.

(15) 시간을 잘 지킬 것

훌륭한 교사는 결코 수업시간에 늦게 들어가지 않으며 교사가 게으른 탓으로 말미암아 학생이 시간을 낭비케 하는 일이 없어야 한다. 그리고 교사가 수업이 시작된 때와 끝났을 때 학생들과의 인사 요령을 미리 정해 두는 것은 시간적 낭비를 없애는 한 가지 방법이다.

(16) 보고와 채점을 정확하게 할 것

정확하지 못한 보고와 채점은 가치가 없다.

(17) 모든 규율과 규칙을 이해하고 그것을 실행하도록 할 것

교사의 첫 임무의 하나는 그 학교의 교육방침과 목적을 통달하고 학생들에게 설명해 주고 또한 그들이 잘 준수하고 있는가를 살피는 것이다.

(18) 불쾌한 호흡을 하지 않도록 할 것

불쾌한 호흡을 하게 되는 원인은 심한 끽연이라든지, 좋지 못한 치아나 또는 위병에 있다. 교사는 가까이 사람을 대하면서 말을 하게 되는 기회가 많다. 그러므로 훌륭한 교사는 남에게 불쾌한 느낌을 주지 않도록 항상 이 점에 대한 유의를 게을리하지 않아야 한다.

(19) 신체적 악취는 나지 않는지 유의할 것

교사는 불쾌한 신체적 냄새가 나지 않는지 유념해야 하며 항상 깨끗하게 세탁한 의복을 입는다는 것은 현명한 일이다.

5. 개인적 외관

훌륭한 개인적 외관을 유지하기 위하여 유의하여야 할 점은 다음과 같다.

① 얼굴을 깨끗이 할 것
② 머리를 산뜻하게 빗고 또한 이빌을 자주 할 것
③ 잘 면도할 것
④ 될 수 있는 대로 가끔 의복을 달리할 것
⑤ 구두를 잘 닦아서 신을 것
⑥ 일할 때에는 거기에 알맞은 옷을 입을 것
⑦ 훌륭한 자세를 가질 것
⑧ 수업 중에 무엇을 먹고 있다거나 또는 씹고 있다거나 하지 말 것
⑨ 될 수 있는 대로 손과 손톱을 깨끗이 할 것
⑩ 치아를 깨끗이 하고 잘 치료해 둘 것 등이다.

Ⅳ. 새 시대의 교사

현대사회는 급격하게 변해 가고 있다. 지금 이 순간에도 사회와 역사는 급격한 속도로 변화 창조되어 가고 있으며 우리 생활이 시시각

각으로 변화되고 있다. 인구는 도시로 몰리고 거주지는 마구 이동되어 가고 있으며 세계 어느 구석에서 일어난 사건이 바로 한두 시간 뒤에는 전 세계로 알려질 정도로 세계는 점차 좁아져 가고 있다. 이 사회변화에 의해서 기존의 관습·제도·도덕·가치관이 변모해 간다. 이뿐만이 아니라 현대사회는 민주화의 방향으로 나아가고 있어 이 세상사람 모두가 평민(common man)의 사회로 건설되어 가고 있다. 헤겔(G. F. W. Hegel, 1770~1831)은 역사의 발전과정을 한 사람만이 자유로운 세계에서 소수가 자유로운 세계로, 소수가 자유로운 사회에서 만인이 자유로운 사회로 나아가고 있다고 했다. 구시대가 특권층의 세상이었다면 새 시대는 분명히 시민의 세상을 지향하고 있다고 하겠다. 어떠한 체제의 사회에서나 독재자가 차차 물러나고 민주주의적인 정치체제가 수립되어 가고 있는 추세는 역사의 필연적인 섭리일 것이다.

다음으로 현대사회는 그 어느 때보다도 상호 협동의 시대를 맞이하고 있다. 개인이나 집단이나 사회나 국가를 막론하고 고립주의와 배타 정신으로는 살아갈 수 없는 세상이 되었다. 가족중심주의의 인간의 활동은 점차로 사회 중심, 국가 중심의 체제로 개편되어 가고 있다. 이 세상의 모든 사람들은 고립생활을 계속할 수 없음을 깨닫기 시작했다. 근래에 와서 국제이해 교육이 세계 각국의 교육과제로 등장되었다. 유네스코는 동서 문화 가치의 상호 이해를 위한 10년 계획을 수립하여 추진해 왔고 한 걸음 더 나아가 인간의 마음속에 진정한 국제이해가 이루어질 때에 영구적인 국제평화가 가능하다고 생각하여 국제협동학교 계획을 추진하여 왔다.

나라의 경계도 피부의 색깔도 종교교리의 차이도 언어의 장벽도 그 어떠한 요소도 현대인의 상호 부조성을 거부할 수 없게 되었다. 세계는 이제 하나의 가족이 되어 가고 있다. 그렇기 때문에 세계 속의 한국, 한국 속에서의 나를 재발견하여 가정인으로부터 향토인·국가인·세계인으로 자아를 확대해 나아가야 할 것이다.

모름지기 새 시대의 교사는 종전보다 차원 높은 교육관을 지녀야 할 것이 요청된다. 과거의 교사는 학생만을 교육하였고 그 활동범위는 학교 담장 안으로 국한되었으며 교육 내용은 교과서의 틀을 벗어나지 못했다. 세계가 그만큼 보수적이었고 또 아무런 이상도 없었기 때문이다. 새 시대의 교사가 대상으로 하는 바는 아동이요, 아동을 둘러싼 물적·인적 환경에까지 미쳐야 하고 그 활동범위는 학교 담장을 툭 털이시 지역사회에까지 확장되어야 하며 그 교재는 인간의 전 생활범위 모두를 포괄하여야 한다. 세계는 그만큼 넓어져 단순한 현상유지의 태도에서부터 진보적·적극적인 태도로써 인류의 오랜 소원이던 꿈과 이상을 실현해야 한다.

우리나라 교사들의 관심이 너무도 학교 안에만 쏠렸기 때문에 각양각색으로 펼쳐지고 있는 지역사회와의 관계에 등한히 하게 되었고, 학교에서는 열심히 가르치되 사회의 무지를 방임했기 때문에, 교실에서 도의를 설교하되 썩어 가는 사회에 뛰어들지 않았기 때문에, 위생과 보건을 입으론 부르짖었으나 자기 마을의 정화를 위해서 힘쓰지 않았기 때문에, 교내에서는 부지런히 식목을 하였으나 지역사회의 산과 들을 녹화하는 데는 게을리했기 때문에, 이십만을 헤아리는 우리나라 교사가 국가 발전과 사회개혁 전선에서 큰 몫을 하지 못하고 있었던 것이다.

새 시대의 교사는 민족이 직면한 위기를, 국가 사회의 요청을 돌아보지 않고 마치 남의 일처럼 바라만 봐서는 안 되겠다고 생각한다. 쓰러져 가는 나라를 구하는 일이 물론 교사만의 책임은 아니다. 정치인은 정치를 잘해야 하고, 경제인은 산업을 잘해야 하고, 군인은 나라를 외적으로부터 잘 지켜야 할 것이다. 그러나 훌륭한 정치가, 훌륭한 경제인, 훌륭한 군인을 만드는 일은 다름 아닌 교육의 과제이다. 그 나라의 교육이 바로 서서 그 사회를 선도할 때에 그 나라는 이미 반 이상의 발전과업이 수행되고 있다고 보아도 무방할 것이다.

　새 시대의 교사는 국가발전의 초석을 닦는 겸손한 노무자의 결의를 재확인하면서 가족사랑, 사회사랑, 민족사랑, 국가사랑, 인류사랑의 마음을 간직하고 자기에게 주어진 막중한 임무를 정성스럽게 수행해 나아가야 할 것이다.

　여기 무명 교사 예찬사[7]를 소개한다.

　　"나는 무명 교사를 예찬하는 노래를 부르노라.
　　전투를 이기는 것은 위대한 장군이로되,
　　전쟁에 승리를 가져오는 것은 무명의 병사로다.

---

7) Journal of the National Education Association for January, 1921, p.15.
　To the Unknown Teacher
　I sing the praise of the unknown teacher.
　Great generals win campaigns, but it is the unknown soldier who wins to war. Famous educators plan new systems of pedagogy, but it is the unknown teacher, who delivers and guides the young. He lives in obscurity and contends with hardship. For him no trumpets blare, no chariots wait, no golden decorations are decreed.
　He keeps the watch along the borders of darkness and makes the attack on the trenches of ignorance and folly. Patient in his daily duty, he strives to conquer the evil powers which are the enemies of youth. He awakes sleeping spirits. He quickens the indolent, encourages the eager, and steadies the unstable. He communicates his own joy in learning and shares with boys and girls the best treasures of his mind. He lights many candles which, in later years, will shine back to cheer him. This is his reward.
　Knowledge may be gained from books; but the love of learning is transmitted only by personal contact. No one has deserved better of the Republic than the unknown teacher. No one is more worthy to be enrolled in a democratic aristocracy, "King of himself and servant of mankind."
　Henry van Dyke

새로운 교육제도를 만드는 것은 이름 높은 교육자이로되,
젊은이를 올바르게 이끄는 것은 무명의 교사로다.
그가 사는 곳은 어두운 그늘 간난을 당하되 달게 받도다.
그를 위하여 부는 나팔 없고, 그를 태우고자 기다리는 황금 마차
없으며,
금빛 찬란한 훈장이 그 가슴을 장식하지 않도다.
묵묵히 어둠의 전선을 지키는 그, 무지와 우매의 참호를 향하여 돌
진하는 그 어어니
날마다 날마다 쉴 줄도 모르고
젊은이의 적인 악의 세력을 정복하고자 싸우며
잠자고 있는 정기를 일깨우도다.
게으른 자에게 생기를 불어넣어 주고자 하는 자를 고무하며 방황
하는 자에게 안정을 주도다.
그는 스스로 학문의 즐거움을 가르침에서 전해 주며
지극히 값있는 정신적 보물을 젊은이들과 더불어 나누도다.
그가 켜는 수많은 촛불
그 빛은 후일에 그에게 되돌아와 그를 기쁘게 하노니
이것이야말로 그가 받는 보상이로다.
지식은 책에서 배울 수 있으되 지식을 사랑하는 마음은
오직 따뜻한 인간적 접촉으로써만 얻을 수 있는 것이로다.
공화국을 두루 살피되
무명의 교사보다 찬사를 받아 마땅할 사람이 어디 있으랴.
민주사회의 귀족적 반열에 오를 자,
그 밖에 누구일 것인고. '자신의 임금이요, 인류의 종복인저!'"

Chapter

11

현대교육의 전망

과거의 세기를 단순 통합의 시대라고 하면 현대는 상충하는 사상, 서로 조우하는 사상에 직면하여 현대인이 고민하고 방황하는 시대라고 하겠다. 옛사람들이 미처 겪어 보지 못했던 이념과 사상의 불안과 초조감에서 살고 있다. 독재주의와 민주주의, 공산주의와 자본주의, 국가주의와 국제주의, 전통과 진보, 자유와 통제, 물질과 정신 등의 틈바구니에서 마음의 평정을 찾지 못하고 있다. 이러한 제 문제가 과거에는 특정한 사상가, 소수의 철학자들의 문제였으나 지금에 와서는 이러한 제 문제가 모든 시민의 관심사와 당면 과제가 되어 있다.

이와 같은 현대의 사회적 기후 영향을 받아 교육도 그 좌표를 바로 잡는 데 큰 어려움에 당면하고 있다. 현대교육의 개념을 어떻게 규정해야 하는지 교육의 목표를 과연 어디다 두고 학생들에게 무엇을 어떻게 가르쳐야 할지 또 교육의 성과를 어떻게 측정, 확인해야 할지 등의 허다한 문제 앞에서 분명한 해답을 하지 못하고 있다. 이런 허다한 교육의 문제에 대하여 비단 빼어난 교육학자뿐만 아니라 우리나라 교사 모두가 바른 해답을 내리고 스스로 행동 실천하지 않으면 안 되겠다.

Ⅰ. 현대교육의 과제

브루바커(J. S. Brubacher)는 현대 교육문제의 논의 중에서 가장 기본이 되는 것을 다음과 같이 열거하고 있다.[1]

(1) 현대교육은 키(舵)도, 항해도도 컴퍼스도 없이 표류하고 있는 것

---

1) J. S. Brubacher, *Modern Philosophies of Education*, National Society for the Study of Education, 1955, pp.14~16.

이 아닌가 하는 데 대한 초조감이 있다. 다시 말하면 도대체 현대교육은 어떤 방향으로 움직이고 있는 것인가? 과연 현대교육은 확고한 철학적 근거 위에 서서 우리가 하고 있는 일을 설명할 수 있는 것인가? 예를 들면, 우리는 과거의 문화를 의식적으로 선택하여 차세대에 전달·갱신한다고 하는데, 그렇다면 우리는 참으로 문화 자체에 대한 확고한 신념을 갖고 있는 것인가? 문화란 일원적인 것인가? 혹은 다원적인 것으로 해석해야 할 것인가? 우리는 과연 문화의 항구적인 구조를 발견할 수 있는 것인가? 그렇지 않으면 문화는 상대적인 것인가? 우리는 무슨 진리의 표준에 의하여 문화를 판단할 것인가? 우리는 청소년에게 하나의 기준밖에 없다고 가르칠 것인가? 혹은 여러 가지 기준, 종교적·철학적 또는 과학적 기준 등이 따로 있다고 가르칠 것인가? 우리는 어린이에게 문화를 말하기 전에 이러한 문제에 대한 답변을 먼저 해야 할 것이다.

(2) 우리는 여러 가지의 교육목적을 내세우고 있는데 너무도 많은 교육목적은 막연하고 상반된다. 어떠한 기준에 의거하여 우리는 교육목적과 가치를 확인할 것인가? 궁극적이고 항구적인 교육목적이란 가능한 것인가? 그렇지 않으면 이들은 모두 상대적인 것으로 그 실용성에 의하여 가치를 발생하는 것인가? 이러한 문제에 대한 확고한 해답이 없이 우리는 교육과정(curriculum) 가운데서 어떠한 과목이 본질적인 것이요, 어떠한 것이 부차적인 것이라는 것을 확언할 수 없을 것이다.

(3) 현대교육 방법은 학업의 표준을 저하시킴으로써 교육의 사명을 다하지 못하고 있다는 데 대한 초조감이 있다. 이러한 초조감은 부분적으로 현대교육이 지나치게 학습의 동기를 중요시하는 데서 오는

것이라고 할 것인데 과연 학습에 있어 아동의 흥미는 어떠한 지위를 가져야 할 것인가? 진보주의적 교육자들이 주장하는 대로, 학습에 있어 흥미는 중심적 역할을 하여야 할 것인가? 그렇지 않으면, 어린이의 흥미 여하를 막론하고 학습이 강요하지 않으면 학업의 표준은 반드시 저하되는 것인가? 훈련(discipline)과 흥미의 관계는 어떠한 것인가? 이런 문제에 대하여 우리는 명확한 대답을 하지 않으면 안 된다.

(4) 우리는 민주교육에 대한 관념이 불확실하다는 데 대한 초조감이 없지 않다. 도대체 개인의 존엄성을 존중한다는 것은 무엇을 뜻하는 말인가? 학생의 절대적 자유를 허용하는 레세페르(*Laisser -fare*)적 태도를 의미하는 것인가? 그렇지 않으면 아동에게 유익하다고 생각되는 바를 학교가 결정하여 그로 하여금 학습하게 하는 온정주의를 말함인가? 혹은 어린이로 하여금 교사와 또는 그의 동료와 더불어 결정에 참여케 하고 비록 그것이 전통과 상반되는 것이 되는 한이 있더라도 그들대로의 결론에 도달케 하는 것을 뜻하는 것인가? 만일 후자의 경우를 취한다면 우리의 교육과정에 논쟁적 성격을 가진 사회문제를 포함시켜야 할 것인가? 이 경우에 교사는 중립을 지켜야 할 것 인가? 혹은 현 사회질서(민주적)에 부합하도록 논의를 이끌어 갈 것인가? 여기에도 교사나 학교로서는 중대한 문제가 가로놓여 있는 것이다.

(5) 현대교육은 아동에게 지나친 자유를 허용하고 사회적 통제와 권위를 지나치게 경시한다고 하는 데 대한 우려가 있다. 학교에 따라서는 아동에게 지나친 자유를 용납하고 있는 것이 사실인데 이를 억제하기 위하여 통제를 가한다면 어떤 정도의 것을 하여야 하며 통제를 가함으로써 민주사회에서 필요로 하는 개인의 창의와 자율 정신과 개성의 성장을 해할 우려는 없는 것인가? 만일 성인의 권위가 옛날

에 가졌던 자리를 회복한다면 우리는 무슨 모양으로 교육이 또다시 비민주적이요, 권위적인 것이 되지 않도록 보장할 수 있는 것인가?

(6) 현대학교는 교육과 종교를 분리시켜야 한다는 전제 밑에서 종교 교육을 거의 무시하다시피 하고 있는데 그 결과로 교육이 지나치게 세속적인 것이 되어 가고 있다는 데 대한 초조감을 갖지 않을 수 없다. Brubacher는 종교 교육에 대한 말만을 하였는데 이를 좀 더 확대시켜 현대학교는 너무도 도의교육을 경시하는 경향이 농후한데 이 문제는 어떻게 다루어져야 할 것인가? 현대교육에 있어 종교와 도덕이 차지하여야 할 위치는 어떠한 것인가? 교육의 궁극적 목적이 사람을 만드는 데 있다면 그러한 교육에 있어 종교와 도덕의 역할은 어떠한 것이 되어야 할 것인가? 종교와 도의교육의 방법은 어떠한 것이어야 할 것인가?

II. 민주주의와 교육

많은 사람이 입으로는 민주주의를 부르짖고 있으나 민주주의에 대한 참된 의미는 누구도 알지 못하고 있다. 미국에서는 이런 말을 흔히 듣게 된다.

"No one knows what is meant by democracy."

이와 같이 서구의 선진국가에서도 민주주의에 대한 바른 이해가 분분한 것 같다. 이러한 상황에서 민주주의를 한국에 토착화하는 작업은 너무도 큰 과제다. 그러나 민주주의가 사람이 바로 사는 방식이라면 그 길이 아무리 멀고 험난할지라도 가야 할 것이다. "나중 난 뿔이 더 크다"는 속담과 같이 선진 제 국가가 저마다의 미로를 찾지 못하고 있을 때 우리들이 민주주의의 실체가 몸에 배어서 한국의 민주주의를 확립한다면 이것은 더없는 역사의 발전이요, 민족 얼의 구현이 아니겠는가. 이런 의미에서 생각할 때 지금까지 갖고 있었던 민주주의의 내용을 다시금 이해하고 심화하기 위한 노력이 필요하리라고 본다.

민주주의를 여러 측면에서 접근할 수 있겠으나 여기서는 교육과의 관계에서 파악해 보려는 것이다.

민주주의는 형식의 문제가 아니라 마음의 문제요, 이론이 아니라 생활의 방식이므로 민주주의는 근본적으로 사람의 행동·태도·감정·사상에 관한 일이다. 사람과의 관계의 문제이다. 그러므로 이것은 외부로부터의 위협의 힘으로 실현될 수 없음은 물론이요, 법률이나 제도에 의하여 이룰 수 없는 것이다.[2] 바로 여기에 민주주의를 교육과의 관계에서 고찰해야 할 근거가 있는 것이다.

1. 민주주의의 내용[3]

"사회의 모든 구성원이 언제나 희망에 차고, 생활을 즐겨 자주창조와 우애봉사의 정신에 젖어 일하고 배워, 저마다의 획득한 고민으로서의 권리를 공공의 복지와 조화시켜 이로써 무한한 진보와 발전을 목표로 하는 이상이요, 실천이다."[4]

---

2) 오천석, 민주교육을 지향하여, 을유문화사, 1960, p.11.

3) 평총익덕, 일본교육의 진로, 광지학원출판부, 1968, p.5.

4) 이상의 인용은 일본교육연구소장으로 있던 히라쯔카 야스더꾸(平塚益德) 박사의 정의이다. 오천석(吳天錫) 박사는 민주주의적 사회의 특색을 ① 하나의 논리적 원칙에 기초된 사회, ② 하나의 협동과 협의의 사회, ③ 지성에 의하여 지배되는 사회, ④ 복수(plural) 사회, ⑤ 공개(open) 사회, ⑥ 법의 사회, ⑦ 진보적 사회 등을 들고 있다.

(1) 사회의 모든 구성원

민주주의를 생각할 때에 '사회의 모든 구성원'이라고 하는 것이 제일 중요하다. 여기에서 말하는 사회란 가정·학교·일반사회 나아가 국가까지도 포함한다. 민주주의와는 반대의 입장에 있는 독재주의를 배격하는 이유는 독재하는 계층과 독재를 받는 집단을 구분하는 데 있다. 말하자면 공산주의의 특색은 노동자와 농민을 절대적으로 생각한다. 대부분의 인구가 노동자와 농민인지 모르나 공산주의자는 자본가를 계급적인 적으로서 이들을 부정하고 있다. 그러나 이런 사고는 민주적이라고 할 수 없다. 민주적인 사고는 자본가와 경영자와 농민 등 모든 사람을 포함해서 복지생활로 이끈다는 것에 그 특색이 있는 것이다. 실로 민주주의의 근본적인 사고방법은 자본가라는 것을 결코 부정적인 것으로 생각하지 않는다. 노무자는 그 노력에 따라 경영자가 될 수 있고 경영자도 역시 자본가가 될 수 있다고 하는 유동적 생각을 갖는 것으로 이것은 결코 계급적으로 고정시킨 것은 아니다.

(2) 언제나 희망에 차고

'언제나'라는 말을 특별히 사용하게 된 것은 다음과 같은 이유에서 나온 것이다. 즐거운 동안이 연말과 정초 또는 토요일과 일요일뿐이라면 지극히 곤란한 일이다. 토요일뿐만 아니라 매일매일이 의의가 있고 즐거워야 할 것이 아니겠는가. 생활을 밝게, 태도를 바르게 하는 것이 민주주의의 근본이다. 자기를 둘러싼 모든 것에 대해서 밝게 생각하고 희망찬 미래를 예상하는 것도 중요하지만 이보다 더 소중한 것은 어두운 현재, 불만족스러운 현재, 다시 말하면 괴롭고 고된 현실을 극복하고 보다 나은 것을 지으려는 의미에서 희망을 갖는 것이다.

중요하다.

뼈에 저리도록 생활이 슬퍼도 아무리 비참한 상태에 있어도 여기에 지지 않고 이런 모든 악조건을 타고 넘어 밝은 장래를 생각하고 노를 저어 나가는 것을 민주주의에서는 희망이라고 한다. 실로 민주적인 사람은 언제나 즐겁다. 현실이 아무리 암담해도 마음은 언제나 밝게 갖고 미래에 대해서 언제나 희망을 갖는 사람이다.

(3) 생활을 즐겨

희망을 가지면서 생활을 즐기는 것을 말하는 것이다. '민주적으로 하자'는 이면에는 그저 향락과 들뜬 기분만으로 볼 때 이런 경향을 반드시 찬성할 수는 없는 것이다. 민주주의에 있어서 즐거움이란 내용은 다음의 세 계층으로 볼 수 있지 않을까.

첫째는 물질생활이다. 민주주의에 있어서 물질생활의 영향은 결코 무시할 수 없다. 더우면 선풍기가 필요하다. 민주주의에서는 물질의 힘을 결코 무시하거나 경시하거나 또 멸시하지 않는다. 그러나 무시하지 않고 경시하지 않고 멸시하지 않는다고 해서 물질을 반드시 중요시한다는 말은 아니다. 오늘날 물질만능주의의 경향은 지극히 우려되는 점이다.

민주주의의 사고는 물질을 생활의 조건으로서 무시하지 않고 멸시하지 않으나 중요시하거나 더욱이 만능시하지 않는 범위에서 물질세계를 보는 것이다.

둘째는 지적 생활이다. 인간이 동물과 구분되는 것은 이성이 주어졌다는 것이다. 책을 읽는다는 것, 좋은 말을 듣는다는 것, 서로 의논한다는 것, 진리를 위하여 탐구한다는 것-이 모든 것이 즐거움 중의 하나다.

셋째는 영적 생활이다. '지적'이라는 것을 Intellectual, Mental로 표현할 수 있다면 '영적'이란 Spiritual로 표현할 수도 있다. 이것은 Mental의 세계와는 다르다. Spiritual이란 정신적인 것이나 보다 깊은 종교적 세계, 영적 세계를 말하는 것이다. 물질적인 세계와 지적 또는 정신적 세계와 또 하나 그 저변에 있는 영혼의 세계가 있는 것이다. 이 종교의 세계에까지 다다랐을 때 생활에는 실로 즐거움이 도래하기에 이른다.

(4) 자주창조

자기의 부족 또는 결점을 자각하는 것이다. 이 자각을 통해서 다른 사람의 장점을 찾는 태도이다. 이것이 민주적 자주성의 제1조건이다.

제2조건은 마찬가지로 자기의 부족을 자각하고 주위 사람들의 조언과 충고를 받아들이는 겸손한 태도다. 이것은 개인의 진보향상을 약속하는 결정적 조건이 된다. 누구나 비판을 하기는 즐겨도 그 비판을 받기는 즐겨하기가 어려운 법이다. 말하자면 열려 있는 마음(open mind)을 말하는 것이다.[5]

제3조건은 자기의 것은 자기가 책임을 진다는 것이다. 다시 말하면 자기의 문제는 자기가 해결하는 것이 본래의 자주성이다.

다음으로 창조성이란 무엇을 짓는 것이다. 본래 창조란 두 가지 면이 있다. 하나는 축적이라는 것이다. 무(無)에서 유(有)는 나올 수 없다. 무엇인가 쌓인 것을 기초로 해서 비약적인 것이 가능하다. 이것이

---

5) Henri Bergson(1859~1941)은 *L'Evolution Créatrice*에서 사회가 진보하느냐 퇴보하느냐의 표준, 진보된 사회와 진보되지 않은 사회와의 표준은 '열린 사회'에서 '보다 잘 열린 사회'로 향하는 것이라고 주장했다.

다름 아닌 창조이다. 그렇기 때문에 창조의 제1전제는 겸허한 마음으로 하나하나 축적해야 한다. 지식의 축적, 경험의 축적을 말하는 것이다. 창조의 제1단계는 반드시 창조를 가능케 하는 조건이 갖추어져야 할 것이다.

다음으로 말할 것도 없이 새로운 것을 짓는 것이다. 민주적인 생활이란 예부터 내려오는 전통, 이 전통의 문제라고도 볼 수 있으나, 진실로 전통(tradition)이란 과거에서부터의 축적을 하나의 기초로 하여 부단히 새롭게 가꾸어 가는 것이 올바른 전통이 아니겠는가? 과거로부터 축적된 것은 물론 전통이라고 하겠으나, 이 축적이 단순한 축적으로서 현재를 억압할 때 이것은 전통이 아니라 나쁜 습관이요, 악한 인습이 될 것이다. 그렇기 때문에 창조는 축적과 창조의 이중 구조로서 비로소 창조가 가능하다고 할 것이다.

(5) 우애봉사의 정신

우애란 두 가지로 분석할 수 있을 것 같다. 하나는 육체적 관계에 있어서의 우애이다. 말하자면 Eros라고 하는 것이다. 육체적인 면에서의 사랑이다. 이것은 물론 중요한 것이다. 형제의 사랑, 자매의 사랑 또는 부부의 사랑 등을 의미하는 것이다. 그러나 이런 사랑이란 배타적이라는 위험을 내포하고 있다. 특정한 경우에는 이와 같은 우애가 가능하나 다른 면에서는 이것을 배제하는 위험성이 있다. 이것이 Eros의 본질적인 것이다. 다른 하나는 육체적인 세계, 육체적 조건을 떠나서 정신적 세계에서의 우애가 있다. 이것을 Agape라고 한다. Eros가 상대적이라면 Agape는 절대적인 것을 가리킨다.

파스칼(Blaise Pascal, 1623~1662)은 인간생활에는 세 가지 질서가 있다고 했다. 첫째는 신체적 질서, 둘째는 정신적·지적 질서이고, 셋째는 charity의 질서라고 했다. 유교로 말한다면 이 셋째 질서는 이른바 서(恕)의 질서라고 할 것이다. Pascal은 이것뿐이 인간 본래 생활의 근원이라는 것을 강조하고 있다. 신체적·육체적인 면의 사랑도 결코 무시할 수는 없으나 여기에는 위험이 있다는 것을 충분히 알아서 좀 더 넓고 깊은 종교적 사랑에까지 파고들어가 거기에다 도덕의 기초를 둘 때 바른 민주주의의 질서가 수립되는 것으로 본다.

이제 봉사로 나아가야 한다. 흔히 봉사라는 말을 자주 하는데 이보다 먼저 협력이라는 것을 고려해 보아야 한다. 협력의 전제에는 자기의 것은 자기가 해야 한다는 것이 제1조건이 되어야 한다. 그러나 아무리 자기의 일을 자기가 하려고 해도 그 일 자체의 성질에 따라서 한 사람으로서는 가능치 못하고 많은 사람들이 합쳐야 능률이 날 때가 있다. 바로 여기서 협력이 생기게 된다. 그렇기 때문에 협력의 근본 전제는 자기 스스로 한다는 독력, 깊이 또 강하게 되는 곳에서 성립되는 것이다. 그렇기 때문에 다른 사람의 힘을 빌리지 않고 자기로서 해내는 사람들이 한 사람으로서 해내지 못하는 사람들에게 힘을 빌려 주는 것을 봉사라고 한다. 그래서 봉사는 협력의 진보된 형태라고 할 수 있다.

(6) 일하고 배워

희랍에서는 일을 두 가지로 가른다. 하나는 work이고 다른 하나는 labour이다. labour란 일의 주체성이 없는 것이다. 한마디로 말하면 labour는 노비적인 노동을 말한다. 그저 하라고 해서 할 따름이다. 그 때문에 여기에는 주체도 자주성도 없고 더욱이 즐거움도 없다. 여기에 비해서 work란 시민의 노동이요, 주체적이다. 일하는 데 선택이 있기 때문에 여기서는 즐거움과 감격이 있다. 일을 통해서 얻어지는 기쁨이 있다. 사람은 일을 하기 때문에 가치가 있고 의의가 있는 것이다. 그 때문에 노동은 신성한 것이다. 이 과정으로 해서 보다 새로운 세계가 전개되는 것이다. 또한 민주적인 학습에서 볼 때 배운다는 것은 일생을 통해서 배우는 것이요, 언제나 어디서나 배우는 것이다. 이것이 민주교육의 가치다.

(7) 시민으로서의 권리

시민으로서의 권리는 다음과 같이 들 수 있다.[6]

① 언론의 자유　　　　② 알 권리
③ 투표권　　　　　　　④ 종교의 자유
⑤ 공평한 재판을 받을 권리　⑥ 법률 앞에서의 평등
⑦ 생명의 존중　　　　⑧ 자유를 누릴 권리
⑨ 행복을 추구할 권리

(8) 공공의 복지와 조화

'조화'라는 말은 양쪽이 다 같이 사는 길이다. 공공의 복지가 생기고 기본적 권리가 생긴다는 것이다. 민주주의란 절대적인 가치이다. 상대적인 가치, 목적적인 가치와 수단적인 가치가 살 조화되어야 한다. 양쪽의 입장이 잘 균형 잡혔을 때 비로소 민주사회가 성립되기에 이른다. 따라서 인간의 가치는 한편 절대적인 것으로서 평등하게 존

---

6) 평총익덕, 일본교육의 진로, 광지학원출판부. 1968. pp.57~61.

중되어야 하지만 동시에 사회적인 면에서는 상대적인 입장이 있기 때문에 사람은 어디까지나 존중되어야 하는 것이다.

(9) 무한한 진보나 발전을 목표로 하는 이상이요, 실천

민주주의란 머무르지 않고 끊임없이 나아가는 것이다. 민주주의의 제 특성은 말하자면 각국의 공통된 원리요, 이상이다. 각 나라는 그 놓인 입장에서 최선을 다하여 이 이상에 접근하려는 시도를 하고 있다. 여기서는 영국의 경우만을 들어 보려고 한다.

2. 민주주의와 도의교육(영국)

1) 영국의 가정교육

영국의 가정은 수직과 수평의 교차로라고 할 수 있다. 수직이란 역사성을 말하는 것이고, 수평이란 사회성을 말하는 것이다. 이 역사성과 사회성을 영국의 가정에서 살펴보기로 한다. 영국의 가정을 방문하면 먼저 눈에 띄는 것이 조상의 초상화이다. 또 한 가지 이상한 것이 생활비품이 모두 낡았다는 것이다. 이들은 유행보다도 선조가 쓰던 물건을 소중히 사용하고 있다. 전통을 존중하는 것이요, 옛것을 아끼는 것이다. 할머니가 입던 복장도 즐겨 어머니가 입고 또 딸이 입는다. 이런 의미에서 가정의 역사성을 설명할 수 있으리라. 횡적인 관계로는 가정이 사회에 대한 책임을 다하는 것이다. 가정은 인근 사회, 나아가 국가에 대한 책임으로까지 확대된다. 각 가정이 국가에 대한 책임을 분명히 자각하고 있다.

이뿐만 아니라 영국의 남성은 대체로 제1주의자다. 가정이란 것을 아주 중요시한다. 이것이 사회의 통념이 되고 사회관습이 되고 사회제도가 되어 가정생활을 제1로 생각하는 것이 영국사회의 특색이라고 하겠다. 예를 들면 토요일 오후부터 영국에서는 공공회합이 별로 없다. 종교관계 이외의 회합은 토요일 오후부터 갖지 않는다. 각 가정마다 주말이 되면 함께 운동하고 박물관에 가고 더불어 영화를 감상한다.

여기에다 영국의 가정에서는 도덕교육을 철저히 하고 있다. 민주사회의 기초로서 도덕을 가정에서 분명히 가르친다. 이들은 가정에서부터 상대방을 인정하는 교육을 한다. 즉 'please'와 'thank you'라는 말이다. 이러한 대인관계의 교육에서부터 상대방을 존중하고 감사하는 것을 가르친다. 또 3, 4세만 되면 "왜 이것을 하지 않아야 하느냐", "왜 이것을 해야 좋으냐"는 선악의 표준을 가르친다.

칸트(Immanuel Kant, 1724~1804)는 "인간이란 선으로 향하는 본원적 소질과 악으로 향하는 근본적 경향이 있다"라고 했다. 따라서 인간은 모순된 존재이다. Pascal의 말과 같이 인간은 천사도 아니고 그렇다고 단순한 동물도 아니다. 이 중간에 위치하는 것으로서 이율배반적·모순적 존재이다. 인간을 방치하면 선한 면보다는 악한 면에 더 기울어지기 쉽다. 마치 정원에 잡초가 꽃보다 더 왕성한 것과 같다. 잡초는 작을 때 빼내어 버려야 하듯이 사람도 어릴 때 잘못된 습관을 고쳐 주어야 한다. 이때에 체벌의 방법이 문제가 된다.

Manchester 시에서는 학교에서 체벌을 가할 때 사용하는 작대기를 교육위원회에서 직접 나누어 주고 있다. 아동이 무슨 일을 저질렀을 때에는 반드시 그다음 날에 체벌을 가하게 되어 있다. 체벌은 보복적으로 다루어질 것이 아니라 교육적으로 다루어져야 한다. 또한 가정에 통지하여 먼저 양해를 구한다. 다음에는 체벌대장에 올려 교장의 허락을 맡아야 비로소 실행에 옮길 수 있게 된다. 어렸을 때 자기의 욕구를 올바로 통제하지 못하고 자란 사람은 일생 동안 불행한 법이다. 아동의 성장과정에서 지나치게 방임되어서도 안 되고 그렇다고 지나치게 통제되어서도 안 된다는 것을 우리는 이 영국교육을 통해서 반성해 봐야 할 것이다.

2) 영국의 학교교육

영국의 아동은 만 5세에 입학하게 되고 학교는 9월 신학기에 시작된다. 학교가 시작되기 전에 학령아들을 학교에 보내면 학부형, 교장, 담임할 선생, 양호교사 등이 아동 하나하나를 세 가지 점에서 조사한다. 첫째, 사회성이 발달되어 있는가, 둘째는 지능이 충분히 발달되어 있는가, 셋째는 신체의 발육이 양호한가를 살핀다. 어떤 면에 좀 부족하다고 느껴지면 입학기에 입학하지 않고 Christmas 이후의 시기 또는 다음 해 1월까지 연기한다. 이때까지도 미달하면 다음 4월까지 가정에서 지내게 된다. 영국에서는 1년에 3회 입학시기가 있는 것이다. 우리나라의 경우는 신입생이 함께 입학식을 거행하지만 영국에서는 한 사람 한 사람 입학을 하게 된다. 이 점에서 우리나라는 처음부터 대량교육으로 출발했으나 이곳에서는 개성교육으로 비롯되었다고 할 수 있다. 저학년에서 일제 학습이란 음악과 체조 정도이고 국어나 산술 등은 모든 분단학습으로 한다. 교과서도 학급에 여러 가지가 준비되어 있어서 아동의 능력과 진도에 따라 교과서가 다양하게 활용된다. 어떻든 개인의 인격에 비상히 관심을 두는 나라라고 할 수 있다.

가정교육에서 초등교육·중등교육·고등교육에 이르기까지 man of character를 제1주의로 삼고 있다. man of character란 말은 man of personality[7]란 말과는 아주 다르다. 전자가 품성인으로 번역될 수 있다면 후자는 능력인으로 옮길 수 있을 것이다.

지식은 하나의 재료요, 기구이다. 말하자면 능력이란 하나의 칼과 같은 것이다. 그 사용하는 인간에 따라서 천태만상으로 전개된다. 그렇기 때문에 '능력인'을 기르기 전에 '품성인'을 먼저 길러 내어야 한다는 것은 너무도 당연한 것이 아니겠는가.

영국 학교의 특색은 인격적인 접촉기관이다. 그렇기 때문에 초등학교의 경우 정원을 400명 내외로 하고 한 학급을 30명 내외로 하고 있다. 제임스 윌리엄(James William, 1842~1910)은 '살아 있는 개인의 종주권(Sovereignty of the living individual)'이라고 했듯이 이것은 어디까지나 학생 한 사람 한 사람을 소중히 하기 때문이다. 말하자면 교장선생을 할아버지, 아버지로 비한다면 담임선생은 할머니, 어머니로 견줄 수 있다. 선생들은 아동 개개인을 잘 파악하고 있다. 이러한 관계에서 인격이 그중 핵을 이루고 더욱이 역사적 전통 위에 서 있는 것이다. 새로운 학교는 보다 나은 전통을 새로 지으려고 노력하고 있고 오랜 역사를 지닌 학교는 그 전통 위에 새로운 것을 창조하려고 노력하고 있다. 인습이 아니라 어디까지나 전통이다.

이뿐만이 아니라 영국 학교에서는 체육을 도덕교육과 연결하여 실시하고 있다. 다시 말하면 스포츠는 도덕교육이 되어 있다는 것이다. 스포츠를 하는 사람은 규칙에 대해서도 민감하나. 룰이 없는 스포츠란 생각할 수 없지 않는가. 스포츠맨은 규칙을 지키는 사람이라는 것이다. 한 번 약속한 것은 반드시 지킨다는 성격, 이것이 다름 아닌 스

---

7) 영어의 Personality란 말은 하나의 심리학적 개념으로서 그 개인의 특수한 능력을 말하는 것으로 독어의 Persönlichkeit란 말과는 다르다.

포츠맨십이다.

또한 영국학교는 공사립을 막론하고 아침예배를 대부분 보고 있다. 학교마다 차이는 있으나 매주 종교교육을 실시한다. 여기에다 주당 1시간에서 3시간에 이르는 Homo Sapience의 교육을 한다. 이와 같은 가정, 학교의 노력에 응해서 사회도 역시 도덕적인 분위기를 조성하는 데 경주하고 있다.

3. 한국교육의 반성

오천석은 우리 민족의 병폐를 보수적 인생관, 세계관, 사대사상, 관존민비사상, 가족중심적 이기주의, 패배주의, 비실용주의, 분열사상 및 인격의 좌절을 들었다.

도산은 이것은 거짓과 무실역행 정신의 결핍이라고 하였다. 외솔은 의지의 박약, 용기의 결여, 활동력 결핍, 의뢰심, 저축심의 부족, 음울한 성격, 신념의 부족, 자존심의 부족, 도의의 타락, 정치 및 경제적 파멸 등을 민족적 질병이라고 하였다.[8]

장진호는 이것을 불투명한 개인, 비기능주의, 비인격성, 부정직, 무책임성, 퇴폐적 처세술 등으로 들었다.[9]

우리가 교육을 통하여 이룩하려는 인간은 이러한 고질에서부터 해방되지 않으면 안 된다. 전통에 얽매어 현상에 만족하는 정적인 보수사상으로부터 해탈하고 모든 것을 숙명으로 돌리고 체념과 퇴폐와 위축 밑에서 생을 저주하는 패배사상으로부터 탈출하여 진취적·의

---

8) 최현배, 조선민족갱생의 도, 서울, 정음사, 1930.
9) 장진호, 교육과 사회, 서울, 경지사, 1968, pp.260~264.

욕적인 건전한 인생관, 세계관을 가지는 인간을 형성하여야 한다. 자력에 의한 믿음을 잃고 남을 의지하며, 개인의 영달이나 가족이나 작은 집단의 이익을 추구하여 민족과 국가를 돌보지 않는 이기주의·분열사상을 극복하고, 보다 큰 민족에 대한 사회의식이 강렬한 시민을 형성하지 않으면 안 된다. 그리고 공리·공론을 일삼고 허례와 허식에 사로잡힌 생활로부터 해방되어 성실과 근로를 존중하는 건전한 경제사상에 투철한 사람을 이룩하지 않으면 안 된다.[10]

브라멜드(Theodore Brameld)는 새로운 사회질서의 조건을 다음과 같이 제시했다.[11]

① 불안전·불공정한 경제체제 대신 풍요한 경제체제를 세워야 한다.

② 국가는 필요한 대신 건설적이요, 통합적인 수단이 되어야 한다.

③ 과학은 실험의 자유를 보유하되 공중이 강력하게 지지하는 것이어야 하고 공공복지에 책임을 지는 것이어야 한다.

④ 예술은 자유스러운 것이어야 하되 자아를 재구상하고, 갱생시키는 것을 그 임무로 하는 문화의 창조적 구현이어야 한다.

⑤ 교육은 유아학교로부터 성인학교에 이르기까지 주로 모든 개인과 집단을 재건하고 개선하는 것이어야 한다.

⑥ 인간은 인종·종교·국적·성·연령 또는 경제적·심리적 그리고 교육적 면에 관한 모든 권리와 의무를 평등하게 나눌 수 있어야 한다.

다시 눈을 우리에게 돌려 우리가 교육을 통해 이루려는 인간상을

---

10) 오천석, 민족중흥과 교육, 현대교육총서출판사, 1963, p.336.

11) Theodore rameld, *Toward d Reconstructed Philosophy of Education*, New York, The Dryden Press, 1956, p.170.

다음의 세 가지로 집약해 보았다.

인간요인 및 인간특성

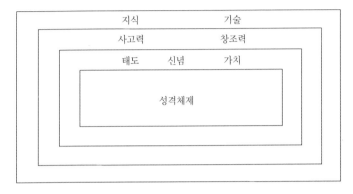

(1) 자주화된 인간

우리나라의 교육은 자아의식이 결여된 교육을 해왔다고 할 수 있다. 결국 교육의 목표는 자아실현(self-realization)에 있을 텐데 우리들은 이와는 거리가 먼 교육을 해 왔다는 것이다.

정범모는 인간특성을 다음 네 가지 요인, 즉 ① 지식 · 기술(knowledge, skills), ② 사고력 · 창조력(thinking, creativity), ③ 태도 · 신념 · 가치(attitude, beliefs, value), ④ 성격체계(personality systems)를 규정하고 이 네 요인이 한 계층적 구조를 이루는 것으로 보았다.

위의 그림이 제시하는 바와 같이 지식이나 기술은 인간특성의 보다 외연적 · 지엽적인 구조, 사고력과 창조력 등 고등정신 과정(higher mental process)은 보다 내부적인 지적 구조(cognitive structure), 태도 · 신념 · 가치관은 보다 중핵적 · 정의적 구조(affective structure), 그리고 성격체계는 보다 중핵적 · 심층적이고 종합적인 구조로서 이 네 요인의 중심부에 있는 것일수록 행동규제력이 넓고 강하며 형성하기에 힘들어 장기간이 필요하며 한 번 형성되면 개변하기 어렵고 보다 유아 시에 그 근본경향이 형성되는 것임을 밝히고 있다.[12] 영국에서와 마찬가지로 '무조건 하라', '하지 말라'고만 할 것이 아니라 어려서부터 자아를 형성할 수 있는 기회를 부여하면서 세심한 관심을 기울여야 할 것이다.

지식이나 기술이 교육의 목적이 될 수 없는 것이다. 이 모두가 결국 자아를 형성하고 성격체제를 충실히 하는 데 수단이 되어야 할 것이다. 이런 의미에서 우리나라 교육은 크게 반성해야 할 것이라고 생각한다.

(2) 자립화된 인간

자주화가 인간의 정신적인 독립을 뜻한다면 자립화란 인간의 경제적인 독립을 가리킨다. 본래 의무교육(compulsory education)이란 한 인간을 완성하는 데 그 의의가 있다고 보겠다. 사람은 저마다의 특징을 갖고 이 세상에 태어난 것이다. 이 본질을 올바르게 계발·육성하여 한 직업인으로서의 역할을 다하도록 교육편제가 되어야 할 것이 아닌가. '일인일기'란 말이 있듯이 교육의 사회화가 보편화되어 상급학교에로의 진학준비체제가 지양되어야 할 것이다.

(3) 민주화된 인간

민주주의는 내재적으로 많은 위험을 내포하고 있다. 그러나 인류

---

12) 정범모, 국가발전의 문제와 인간요인(발전론 서설), 서울, 박영사, 1965, pp.36~37.

는 아직까지 민주주의의 질서 이상인 것을 찾지 못했다. 민주주의는 하나의 생활방식이요, 인간관계를 율하는 하나의 원리이다. 인간은 인간이기 때문에 최상의 것이다. 인간이 있으므로 금은보화가 귀중한 것이다. 그렇기 때문에 인간은 언제나 그 목적으로 되어야 하며 수단으로 이루어져서는 안 된다. 그러기 위하여 자유와 평등의 원칙이 몸에 배도록 관습화되어야 한다.

민주주의와 도의교육을 이원적으로 보기보다는 민주교육을 심화하는 방법이 도의교육이 되는 것이다. 민주주의는 인간관계를 율하는 질서이기 때문에 도의교육 그 자체가 되어야 한다. 도의교육은 마음가짐의 문제요, 사고방식의 문제이기 때문에 지나친 형식 위주보다는 좀 더 인간의 심층을 들어가는 내면적 계발에 치중해야 할 것이다.

Ⅲ. 한국교육의 미래

지금은 1945년과 서기 2010년 사이를 거쳐 오늘에 이른 것이다. 서기 2010년대에는 현재의 기성세대는 물러가고 현재 각급 학교에서 공부하는 학생들이 우리나라의 주역을 담당하게 될 것이다. 이런 뜻에서 현시점의 교육과 학교의 역할은 자못 큰 바 있다.

이 막중한 과업을 수행하기 위해서 한국교육의 한국화, 한국교육의 현대화, 한국교육의 인간화가 긴급한 문제들이라고 생각한다.

첫째로 한국교육의 한국화는 무엇보다도 가장 긴급한 과제라고 생각한다. 지난 역사를 돌이켜 볼 때에 외적의 침략이 있지 않으면 관의 학정이 있어서 새로운 사회개혁운동과 수많은 선각자들이 인간개조와 사회개혁을 외쳤으나 그것은 한갓 구호로만 그친 채, 이 일련의 점철된 한국사의 예명이 문자 그대로 실천되지는 못했다. 약소민족이 모두 그러하듯이 모화사상, 사대사상이 뿌리 깊이 박힌 채로 일제의 식민지 교육정책의 사나운 발굽 밑에 짓밟혔던 것이다. 우리의 학교는 분명히 한국의 땅에 있으면서도 우리의 자녀를 가르치면서도 떳떳한 한국 국민을 길러 내는 학교가 아니라 우리나라 말보다는 남의 말을, 우리나라 역사보다는 남의 역사를 더 아는 교육을 하여 왔던 것이다.

그러나 이제 식민지 교육의 굴레를 벗어난 지 어언 반세기 이상이 되어 가는 오늘 비단 형식뿐이 아니라 내용 면까지 파고들어가 한국인이 바른 한국인을 가르치는 교육으로 전환되어야 할 것이다.

앞으로 한국화의 방향은 원시적 토속화나 문화적 고독의 방향에서 벗어나 한국의 전통문화를 변화하게 하는 외래문화 속에서 계승·발전·재해석해 나아가야 할 것이다. 이뿐만 아니라 한국교육 현상의 성격은 복합적인 성격을 지니고 있어 한국의 정치·경제·사회적인 상황에서 유능하게 대처할 수 있는 한국화의 방향은 미래사회에 대한 현명한 통찰과 계획 속에서 이루어져야 할 것이다. 과거의 역사와 현대사회의 추세를 연구·분석하는 것은 다가오는 미래의 사회를 예견하고 대처하기 위해서다. 우리의 몸은 현재에서 살되 우리의 지성은 언제나 미래를 응시해야 할 것이다.

둘째로, 한국교육의 현대화는 모든 교육체제를 능률화할 수 있는 합리적 사고를 해야 할 것이다. 산업을 발전케 하는 것은 경제의 문제이나 산업을 발전케 할 수 있는 인간을 기르는 것은 교육의 문제다. 한국교육의 현대화 문제는 질적·양적으로 당면하고 있다. 아직 전통적인 교육의 굴레를 벗어나지 못한 우리나라 교육 실제는 하루빨리 교육의 효율화를 이루어야 할 것이다. 교육의 효율화란 교육이념과 교육목표를 효과적으로 달성하는 수단으로서 교육방법의 총체를 포함한다. 그러기 위하여 학생들의 교육수준을 향상시키는 방법 및 투자와 합리적 교육내용의 운영과 나아가 교육체제 전반을 강화해야 할 것이다. 우리나라 교육체제를 효율화·능률화 체제로 전환하게 되면 자연적으로 교권이 확립되리라고 본다.

셋째로, 한국교육의 인간화의 문제는 근대화 작업의 음지인 인간소외의 문제와 밀접한 관계가 있다. 과학기술의 발전과 보급이 가속화하면 할수록 그 풍요한 사회가 돌아오게는 되지만 인간이 손쉽게 생의 목적, 생의 의의를 찾을 수 있으면 있을수록 인간 본래의 목적과 의의는 상실될 수도 있다. 이 같은 변화무쌍한 현대사회의 기류에서 바른 자아를 확립하는 교육을 해야겠다는 것이다. 정직한 행동을 말로 했으면 그것을 행동으로 옮기는 사람을 길러야 할 것이요, 극장에서 불쌍한 사람의 정경을 보고 눈물을 흘린 사람은 후에 길가에서 구걸하고 있는 사람을 보고도 같은 감정을 지녀야 할 것이다.

나는 왜 살며, 무엇을 해야 하며, 어떤 목표를 향해, 어떻게 살아야겠다는 통정된 인품을 길러야 할 것이다. 이뿐만이 아니라 물질적으로 풍요한 생활을 누리면서 동시에 생활의 참된 의의와 가치를 부여하며 보다 풍성한 정신적 창조의 생활을 해야 할 것이다.

창조는 반드시 위대한 사람이 할 수 있되 생활의 창조는 누구나가 할 수 있는 것이다. 좁은 버스 안에서 부녀자에게 자리를 양보하는 것도 하나의 내면적 가치의 창조이다. 바쁜 시간에 틈을 내어 번민하고 괴로워하는 사람의 말을 듣고 그에게 생의 용기를 주는 것도 하나의 값진 정신의 창조이다. 인정이 말라 가는 현대사회는 다름 아닌

이 같은 내면적 가치의 창조를 요청하고 있다. 발전하는 국가를 건설하는 데 구경하는 사람이 아니라 우리 모두 이 벅찬 역사의 광장 속으로 뛰어들어가 지극히 겸손한 마음으로 새로운 창조사회에 참여하는 사람을 길러야 할 것이다.

〈참고문헌〉

[國漢文]

權五鎰, 敎育原理, 敎育出版社, 1973.

金基錫, 學習機械型心理學, 現代敎育叢書, 1962.

金基錫 外, 生活指導, 現代敎育叢書, 1968.

金蘭洙, 敎育調査의 技術, 現代敎育叢書, 1967.

金善陽, 敎育史, 載東文化社, 1964.

金誠一, 現代敎育原理, 中央大出版局, 1970.

金誠一, 敎育原理, 崇義社, 1964.

金玉煥 外, 敎育評價, 敎育出版社, 1973.

金宗西, 現場硏究의 方法, 現代敎育叢書, 1965.

金宗西, 現代硏究의 理論과 實際, 培英社, 1968.

金宗西, 潛在的 敎育課程, 益文社, 1976.

金宗西 外, 敎育學槪論, 敎育科學社, 1984.

金鍾喆 外, 敎育行政, 現代敎育叢書, 1962.

金鍾喆, 敎育行政의 理論과 實際, 敎育出版社, 1963.

金在恩, 敎育心理社會硏究方法, 益文社, 1971.

金在恩, 敎育 및 心理硏究法, 載東文化社, 1962.

金在恩, 敎育測定 및 評價, 載東文化社, 1961.

金豪權, 敎育과 敎育課程, 培英社, 1976.

金豪權, 現代敎育評價論, 敎育出版社, 1981.

金豪權, 硏究問題의 發見과 設定, 現代敎育叢書, 1963.

大韓敎育聯合會, 敎育學辭典, 1965.

朴商浩 外, 初等敎育論, 益文社, 1971.

朴商浩, 學習指導, 學文社, 1981.

朴商浩 外, 教育評價, 世光公社, 1979.

朴俊熙, 教育心理學, 旺文社, 1963.

白賢基, 教育行政의 基礎, 培英社, 1971.

徐明源, 教育原理, 益文社, 1967.

서울師大 教育研究所, 教育學用語辭典, 培英社, 1981.

서울特別市 教育委員會, 平生教育, 1981.

辛堯永, 現代教育原理, 盛進文化社, 1977.

安仁熙, 鄭世華, 教育原理, 載東文化社, 1965.

安商元 外, 教育原理, 載東文化社, 1976.

吳天錫, 發展韓國의 教育理念探究, 培英社, 1973.

吳天錫 外, 教育原理, 現代教育叢書, 1960.

尹泰林, 韓國人의 性格, 現代教育叢書, 1970.

李圭煥, 教育社會學原理, 凡文社, 1962.

李相助, 新行政學, 政治學叢書, 1961.

李承翼, 現代教授學習指導法, 百合出版社, 1973.

李榮德, 教育의 過程, 培英社, 1969.

李溶傑, 學習의 基礎, 培英社, 1971.

張眞鎬, 教育과 社會, 耕智社, 1968.

鄭範謨, 教育評價, 教育出版社, 1961.

鄭範謨, 教育課程, 教育出版社, 1961.

鄭元植, 教育研究, 現代教育叢書, 1962.

鄭泰時 外, 教職과 教師, 現代教育叢書, 1962.

陳元重, 教育社會學原論, 法文社, 1962.

韓基彦, 教育原理, 博英社, 1963.

咸宗圭, 教育課程, 載東文化社, 1962.

咸宗圭, 教育學槪論, 載東文化社, 1964.

咸宗圭, 學習指導, 旺文社, 1970.

陳渭敎 外, 學習指導, 教育出版社, 1969.

黃應淵 外, 心理學槪論, 載東文化社, 1968.

黃禎奎, 教育評價, 教育出版社, 1967.

韓國教育開發院, 韓國教育目標의 探索, 1973.

韓國教育開發院, 教育開發의 展望과 課題 1978~1991.

現代教育叢書, 教育心理, 教育叢書出版社, 1961.

上代晃, 學習心理學, 理想社, 1950.

山田秀峰, 學署指導法, 岩崎書店, 1954.

安藤堯雄, 敎育行政學, 岩崎書店, 1956.

安藤堯雄 外, 生活指導, 東京敎育大學, 1963.

[歐文]

American Association of School Administrators, *Educational Administration in a Changing Community*, Thirty-seventh Yearbook, 1959.

Becker, Howard and Reuben Hill, Family, *Marriage and Parenthood*, Boston: Heath and Company, 1948.

Bloom, B. S., *Stability and Change in Human Characteristics*, N.Y.: John Wiley & Sons, Inc., 1964.

Brameld, Theodore, *Toward a Reconstructed Philosophy of Education*, New York: The Dryden Press, 1956.

Brookover, Wilbur B., *A Sociology of Education*, New York: American Book Company, 1955.

Brown, Francis J., *Educational Sociology*, N.J., Prentice-Hall.

Brubacher, J. S., *Modern Philosophies of Education*, National Society for the Study of Education, 1955.

Cook, Lloyd Allen & Cook, Elaine Forsyth, *A Sociological Approach to Education*, 1950.

Cronbach, L. J., *Educational Psychology*, N.Y. Harcourt, Brace and Co., 1954.

Cronbach, L. J., *Essentials of Psychology*, N.Y. Harper & Row, 1961.

Crow, L. D. & Crow A. *Educational Psychology*, 1958.

Douglass, H. R., *Modern Administration of Secondary Schools*, N.Y. Ginn & Co., 1954.

Dewey, J., *Democracy and Education*, 1916.

Good, C. V., *Introduction to Educational Research*, Appleton-Century Crofts, Inc., 1963.

Good, C. V., Barr, A. S. & Scates, D. E., *The Methodology of Educational Research*, N.Y. Appleton-Century Crofts, 1936.

Good, C. V. & Scates, D. E., *Method of Research*, Appleton-Century Crofts, 1954.

Graves, Frank P., *A Students History of Education*, New York, The Macmillan Company, 1954.

Hilgard, E. R., *Introduction to Psychology*, N.Y. Harcourt, Brace and Co., 1957.

Hill, G. E., *Management and Improvement of Guidance*, 2nd ed., 1974.

Hopkins, Thomas, *Interaction the Democratic Process*, 1941.

Jones, A. J., *Principles of Guidance*, McGraw – Hill Book Co., 1970.

Kelly, J. K., *Guidance and Curriculum*, N.Y. Prentice – Hall, 1955.

Kerlinger, F. N., *Foundations of Behavioral Research*, Holt Rineherf, 1964.

Leonard, J. P., *Developing the Secondary School Curriculum*, Reinhart & Co., 1956.

Lengrand, P., 平生敎育, 유네스코韓國委員會, 1972.

Mort, P. R., *Principles of School Administration*, McGraw – Hill Co, 1957.

Pestalozzi, J. H., *Die Abendstunde eiens Einsiedlers*, 1780.

Ross, C. C., *Measurement in Todays School*, N.Y. Printing Co., 1950.

Scriven, M., *The Methodology of Educational Evaluation, Perspectives of Curriculum Evaluation*, Chicago, Rand McNally, 1967.

Skinner, B. F., *The Technology of Teaching*, N.Y., Appleton – Century Crofts, 1968.

Stormzand, M. J., *Progressive Method of Teaching*, 1927.

The Purpose of Education in American Democracy, Washington D.C., Educational Policies Commission, National Education Association of the United States and the American Association of School Administrators, 1938.

Traxler, A. F. and North, R. D., *Techniques of Guidance*, 1966.

Tylor, Edward B., *Primitive Culture*(5th ed.), London, John Murray, 1929.

Wilds, E. H., *The Foundations of Modern Education*, Rineherf & Co., New York, 1954.

〈색인〉

김선양(金善陽) ————————

  서울대학교 사범대학부속고등학교 졸업
  서울대학교 사범대학 교육학과 졸업
  서울대학교 대학원 교육학과 교육학 졸업
  성신여자대학교 대학원 원장 역임
  (사)한국평생교육기구 교육원장 및 사무총장 역임
  인하대학교 사대학장 역임
  현) 인하대학교 명예교수
      동방정신문화연구소 대표

『한국교육사상사』 등 저서 30여 권
「페스탈로찌의 교육사상연구」 등 논문 100여 편

교육학
개론

초판인쇄 | 2011년 6월 23일
초판발행 | 2011년 6월 23일

지 은 이 | 김선양
펴 낸 이 | 채종준
펴 낸 곳 | 한국학술정보㈜
주   소 | 경기도 파주시 교하읍 문발리 파주출판문화정보산업단지 513-5
전   화 | 031) 908-3181(대표)
팩   스 | 031) 908-3189
홈페이지 | http://ebook.kstudy.com
E-mail | 출판사업부 publish@kstudy.com
등   록 | 제일산-115호(2000. 6. 19)

ISBN   978-89-268-2292-0 93370 (Paper Book)
        978-89-268-2293-7 98370 (e-Book)

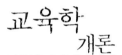 내일을여는지식 은 시대와 시대의 지식을 이어 갑니다.